# Hora do Lanche

Receitas e técnicas de preparo • Rotinas de trabalho e atendimento • Administração do negócio • Carreira profissional

**Dados Internacionais de Catalogação na Publicação (CIP)**
(Jeane Passos de Souza — CRB 8ª/6189)

SENAC. Departamento Nacional.

Hora do lanche : receitas e técnicas de preparo, rotinas de trabalho e atendimento, administração do negócio, carreira profissional / Departamento Nacional do Serviço Nacional de Aprendizagem Comercial. — São Paulo : Editora Senac São Paulo, 2017.

Bibliografia
ISBN 978-85-396-1309-0

1. Gastronomia 2. Culinária 3. Sanduíches (receitas e preparo) 4. Salgados (receitas e preparo) 5. Doces (receitas e preparo) I. Título.

17-586s

CDD-641.84
641.86
BISAC CKB121000
CKB012000
CKB010000

**Índices para catálogo sistemático:**
1. Sanduíches (receitas e preparo) 641.84
2. Salgados (receitas e preparo) 641.86
3. Doces (receitas e preparo) 641.86

# Hora do Lanche

Receitas e técnicas de preparo • Rotinas de trabalho e atendimento • Administração do negócio • Carreira profissional

Editora Senac São Paulo – São Paulo – 2017

**Administração Regional do Senac no Estado de São Paulo**

**Presidente do Conselho Regional**
Abram Szajman

**Diretor do Departamento Regional**
Luiz Francisco de A. Salgado

**Superintendente Universitário e de Desenvolvimento**
Luiz Carlos Dourado

**Conselho Editorial:** Luiz Francisco de A. Salgado, Luiz Carlos Dourado, Darcio Sayad Maia, Lucila Mara Sbrana Sciotti, Jeane Passos de Souza

**Gerente/Publisher:** Jeane Passos de Souza (jpassos@sp.senac.br)

**Coordenação editorial/Prospecção:** Luís Américo Tousi Botelho (luis.tbotelho@sp.senac.br)
Márcia Cavalheiro Rodrigues de Almeida (mcavalhe@sp.senac.br)

**Administrativo:** João Almeida Santos (joao.santos@sp.senac.br)

**Comercial:** Marcos Telmo da Costa (mtcosta@sp.senac.br)

**Consultoria técnica e receitas:** Kitty Assis
**Redação:** Martha Neiva
**Revisão técnica:** Andrea Estrella e Michele Bunemer
**Projeto gráfico, capa e diagramação:** Eliana Lattuca
**Fotografia:** Zeca Guimarães
**Revisão:** Sonia Cardoso, Selma Monteiro Correa e Obra Completa Comunicação
**Impressão e acabamento:** Intergraf Ind. Gráfica Eireli


**Editora Senac São Paulo**
Rua 24 de Maio, 208 – 3º andar
Centro – CEP 01041-000
São Paulo – SP
Tel.: (11) 2187-4450 / Fax.: (11) 2187-4486
editora@sp.senac.br
www.editorasenacsp.com.br

# NOTA DO EDITOR

Por necessidade ou por lazer, o lanche fora de casa é um hábito muito comum em todas as grandes e médias cidades do país e do mundo. Quem não conhece a fama dos americanos, campeões nesse tipo de alimentação rápida, nem sempre saudável, com suas marcas emblemáticas presentes em todos os países?

Do ponto de vista profissional, esse é um grande mercado de trabalho e de geração de renda. Mas, como em todas as atividades de muita concorrência, é preciso se preparar para prestar um bom serviço a quem exige rapidez, eficiência e qualidade na hora de se alimentar.

Este livro, editado pelo Senac São Paulo, aborda diversos aspectos da rotina de trabalho dos profissionais que preparam e servem lanches, salgados, doces e bebidas; seja em lanchonetes, quiosques, carrinhos de ambulantes ou mesmo fornecendo salgados e doces por encomenda.

Ao tratar do mercado de trabalho e das características e requisitos dos profissionais de cada tipo de serviço, *Hora do lanche* aborda questões mais gerais, como responsabilidade social e ambiental, cuidados pessoais, boas práticas na manipulação de alimentos, aspectos da formação de preço e gerenciamento de estoques, e discute detalhes importantes sobre a qualidade no atendimento, em função dos diferentes perfis dos consumidores.

Para complementar a teoria, a cozinheira Kitty Assis veste o avental e põe a mão na massa para mostrar as etapas de pré-preparo e preparo dos lanches, com receitas e dicas que certamente vão fazer deste livro um guia de consulta permanente.

Com esta publicação, esperamos contribuir para a formação e o aprimoramento dos profissionais de lanchonetes, dos ambulantes licenciados e dos empreendedores individuais.

## AGRADECIMENTOS

Agradecemos o apoio da Escola SESC de Ensino Médio por disponibilizar as instalações da lanchonete e da confeitaria da instituição para as sessões de fotos que ilustram as técnicas de trabalho aqui apresentadas. Especialmente a Claudia Fadel, diretora da ESEM, a Robson Pereira da Costa, gerente administrativo e financeiro, e a Karina Amendola, chefe do setor de nutrição. Aos profissionais Daniele dos Santos Silva e Ezequias Peixoto Paes, que posaram para as fotos contidas neste livro, sempre atentos e dispostos.

# Sumário

# O mundo do trabalho

**O dia a dia de quem mora nas cidades é corrido.** Desde cedo as pessoas vão de um lado para o outro, olhando o relógio para não perder tempo. Na hora da fome, muitos acabam escolhendo refeições rápidas por ser uma opção prática. Lanchonetes, carrinhos, barraquinhas, não importa onde; a ideia é comer um lanche de qualidade no menor tempo possível. Ainda em função do ritmo acelerado da vida, as famílias mudaram hábitos antigos e hoje procuram fornecedores de refeições rápidas – pizzas, salgadinhos, docinhos, bolos – requisitadas com frequência para suprir a falta de tempo.

Para os profissionais que trabalham com alimentação, esse cenário representa uma grande oportunidade, mas também traz o desafio de servir produtos de qualidade e a responsabilidade de cuidar da segurança dos alimentos e dos aspectos nutritivos das refeições, sem perder de vista o sabor e o aspecto atraente.

Quando se fala em refeições rápidas, cada segmento requer uma especialização profissional diferente. Por exemplo, os lancheiros, salgadeiros, chapistas (a CBO / Classificação Brasileira de Ocupações usa o termo *chapista* de lanchonete, mas no mercado de trabalho esse profissional é mais conhecido como *chapeiro*), além de trabalharem no preparo de alimentos em lanchonetes, quiosques, barraquinhas, podem ser autônomos ou mesmo empreendedores individuais.

Neste livro vamos analisar aspectos fundamentais do cotidiano dos profissionais que se dedicam ao segmento de preparo de lanches, salgados, doces e bebidas.

## MERCADO DE TRABALHO INFORMAL E FORMAL

No ramo de lanches e salgados, há um grande número de **profissionais que trabalham informalmente.** Isso vem de longe. No período do Império (1882-1889), as negras de ganho, ou seja, as escravas que trabalhavam fora de casa para seus proprietários, ou as ex-escravas já libertas, impecavelmente vestidas, montavam suas barracas e vendiam quitutes pela rua. Essa tradição é de alguma forma mantida até hoje pelas famosas *baianas do acarajé*, com suas roupas brancas e rendadas, panelas e tachos brilhantes, o tabuleiro muito bem arranjado, toalhas e panos limpos e engomados.

A informalidade é muito evidente em ruas de comércio, nas proximidades de shopping centers ou locais que atraem muita gente, como estádios de futebol, terminais rodoviários ou praças públicas. Inúmeros carros ou bicicletas adaptados e mesmo caixas de isopor repletas de quentinhas são oferecidos a bom preço e com segurança.

Vale lembrar que o comércio informal não dispensa a qualificação da mão de obra e a profissionalização do prestador de serviços. Em qualquer serviço de alimentação há itens fundamentais: higiene pessoal; higiene com o material e o ambiente de trabalho; cuidado na apresentação da comida; qualidade dos ingredientes; responsabilidade na entrega ao cliente e nos pagamentos a fornecedores.

O ideal para os empreendedores informais é se inscrever como microempresário ou empreendedor individual e manter a documentação exigida sempre em dia, para poder ter nota fiscal e acesso à linha de pequenos créditos. Veremos essa opção de trabalho formalizado mais adiante.

**Os profissionais com carteira assinada** que trabalham como empregados em restaurantes, lanchonetes, quiosques ou mesmo em empresas que fornecem lanches têm uma rotina própria. Além de preparar lanches, salgados, sucos e pratos rápidos, muitas vezes servem às mesas e participam das atividades de arrumação e limpeza do ambiente. Os atendentes de lanchonete e os garçons que atuam no segmento de petiscos e lanches desenvolvem uma habilidade muito grande para lidar com imprevistos.

Este segmento requer uma dose extra de flexibilidade, simpatia e paciência. A maioria dos clientes, quando não está atrasada ou apressada, quer relaxar e se divertir. Cada estabelecimento tem sua rotina própria, e, antes de começarem a atuar, os profissionais precisam se inteirar de todas as normas da casa. Mas uma regra é geral: deve haver entrosamento na equipe!

## MICROEMPREENDEDORES DO LANCHE

São diversificadas as oportunidades do mercado de trabalho para chapistas de lanchonete e ambulantes. Como vimos, os empregos formais estão em restaurantes, lanchonetes, bares, supermercados. Esses locais, em geral, exigem a carteira de trabalho.

No grupo de restaurantes, por exemplo, um dos segmentos que mais tem crescido é o das refeições a quilo. Esses estabelecimentos costumam ter muito movimento e exigem dos profissionais uma qualificação especial.

Pequenos negócios como quiosques e barracas que funcionam na beira de praias, lagoas e nos pontos turísticos das cidades são locais visitados por muitas pessoas. Nesse caso, a aposta em comidas regionais ou típicas como forma de atrair a clientela tem se mostrado promissora.

Ouvem-se muitas histórias de pessoas que querem "mudar de vida". Depois de aposentadas ou quando perdem o emprego, sonham ser microempreendedores. E a opção de ser vendedor ambulante e gerir o próprio negócio enche os olhos. Muitas vezes a pessoa sabe cozinhar bem, faz quitutes deliciosos, mas não tem a menor ideia de como começar seu empreendimento. Como dar o primeiro passo nessa direção? Um bom começo é, por exemplo, buscar informações no Sebrae (Serviço Brasileiro de Apoio às Micro e Pequenas Empresas). Lá é possível aprender a formalizar e gerir o próprio negócio. Na internet também há vários sites com boas dicas – além do site do Sebrae, há o do Empreendedor Individual (www.sebrae.com.br; www.portalempreendedor.gov.br).

Um bom exemplo de empreendedorismo nos dá Laura Fernandes, que diariamente vende cerca de 1.500 lanches em sua loja da Sucomania. Por mês, são pelo menos cem pedidos de encomendas entre salgados e tortas. Para conseguir dar conta dessa rotina, ela tem uma forma própria de lidar com as finanças da loja. A começar pelos fornecedores.

Seu procedimento é reunir os fornecedores uma vez por semana. Quem der o menor preço para carnes, frios, frutas e laticínios, ficará com o pedido. Mas não pense que o menor preço significa perda de qualidade: "Penso sempre na relação custo-benefício. Não compro ingredientes de baixa qualidade. Apenas encontrei uma maneira criativa de baratear os preços", conta Laura, que há 30 anos tem a lanchonete no Centro do Rio de Janeiro.

A compra direta dos fornecedores de produtos também lhe permite negociar o prazo de pagamento. Dependendo do valor do pedido, ela negocia o pagamento para 7, 15 ou 28 dias. Nas encomendas de tortas e salgados, Laura já não é tão flexível com os clientes. Ela diz que costuma receber no momento em que entrega a encomenda e, se o cliente pede um prazo para pagar, dá apenas cinco dias. Do contrário, o fluxo de caixa fica comprometido. E afirma:

*Tenho sempre que ficar atenta para equilibrar os meus prazos de pagamento aos fornecedores com os dos clientes que fazem as encomendas e pedem alguns dias a mais para pagar. Anoto tudo em um caderno para não me perder.*

Outra dica da comerciante é fazer alguns pagamentos com o dinheiro do caixa da loja. É assim que paga os fornecedores, as contas de luz, gás e qualquer outra despesa fixa. O que sobra ela deposita na conta bancária, que recebe também o depósito dos pagamentos em cartão direto das operadoras de cartões de crédito. É com esse montante que faz os pagamentos mais altos, como aluguel da loja e salários dos funcionários. Ao final, o que sobra é contabilizado como o lucro do mês.

*Não deixo dinheiro nenhum na loja, por medo de assalto. E tenho o hábito de não fazer retiradas do caixa, pois dinheiro de caixa, para mim, não é lucro. Lucro é o que sobra no banco após todos os pagamentos.*

## Vendedor ambulante licenciado

Para se tornar um vendedor ambulante licenciado é preciso uma série de documentos. A lista vai desde os documentos pessoais, como registro de identidade, CPF, comprovante de residência, à documentação referente ao local de funcionamento e às exigências fiscais: registro de imóvel (no caso do quiosque), alvará de localização e alvará sanitário.

A venda de alimentos também tem exigências especiais, que envolvem a descrição da atividade, atestado médico de saúde e inspeção dos órgãos municipais e federais ligados à vigilância sanitária e à saúde. Dos vendedores que produzem os alimentos que serão vendidos, exigem-se ainda comprovante de desinsetização do local e atestado de qualidade da água. Os documentos devem ser renovados de tempos em tempos, e os prazos variam de acordo com a legislação local e o tipo de atestado.

Além de consultar o Sebrae, que orienta os microempresários e empreendedores sobre a gestão do negócio, é fundamental se dirigir à prefeitura de sua cidade a fim de se informar sobre os trâmites para cumprir as exigências legais, fiscais e sanitárias para se tornar um ambulante licenciado.

## Empreendedor Individual (EI)

Desde julho de 2009, o Brasil conta com uma lei que permite conceder registro no Ministério do Trabalho a quem realiza atividades como autônomo (taxistas, artesãos, ambulantes, entre outros) para se tornar um microempresário formalizado. Trata-se da Lei Complementar 128, que regulariza a atividade de Empreendedor Individual (EI).

O Empreendedor Individual é uma inovação no sistema tributário e permite que pequenos empresários que faturem até R$ 60 mil por ano e possuam, no máximo, um empregado formalizem seu negócio.

Obter o registro ou EI é fácil, gratuito e, sobretudo, vantajoso. Ao registrar-se como EI, o microempreendedor passa a ter CNPJ, o que permite a abertura de conta em banco e o acesso a crédito e juros mais baixos. Com a empresa legalizada, poderá ter endereço fixo para facilitar a conquista de novos clientes, além de cobertura da Previdência Social para a família. E as vantagens não param: terá como negociar preços e condições mais favoráveis na compra de mercadorias para revenda, com prazo estendido junto aos atacadistas e melhor margem de lucro. E poderá ainda emitir nota fiscal.

Conseguir o registro também é boa opção do ponto de vista tributário. Ou seja, o microempreendedor individual não paga imposto para o governo federal ao exercer sua atividade profissional, e qualquer outra contribuição terá alíquota reduzida. O custo de formalização é barato. O registro é gratuito, mas é preciso recolher mensalmente um valor que varia em função da atividade profissional e engloba uma contribuição previdenciária. O pagamento pode ser feito por meio de carnê ou pela internet, no Portal do Empreendedor (www.portaldoempreendedor.gov.br).

As exigências legais podem variar de acordo com as leis estaduais e municipais. Procure se informar junto à prefeitura de sua cidade.

## Para criar novos pontos de venda...

Uma das vantagens de ser empreendedor individual é a facilidade para ampliar o negócio. Se as vendas estão crescendo e o produto é de qualidade e bem aceito pelos clientes, por que não apostar em outro ponto de venda, comprando um segundo carrinho ou alugando um novo espaço?

O primeiro passo é escolher uma pessoa de confiança para cuidar do novo ponto. Pode ser um amigo ou parente, não importa. O fundamental é que a pessoa tenha espírito empreendedor, goste de cozinhar (pois alguns lanches são feitos na hora), seja responsável, ágil no atendimento e simpático ao atender os clientes.

Ao conversar com a pessoa escolhida, combine previamente o valor da retirada mensal, até onde irá sua autonomia para decidir algo sem falar com você, o percentual do lucro que irá para a manutenção do empreendimento. É importante que tudo fique acertado antes, para não gerar problemas depois.

O passo seguinte é definir onde será o novo ponto. Lembre-se que o local precisa ser movimentado. Uma boa dica é ficar atento à vizinhança. Se houver muito comércio e empresas no entorno, o movimento é certo. Mas fique de olho na concorrência: veja se há vendedores por perto. Não esqueça que novos pontos de venda precisam de uma licença da prefeitura para funcionar. É só procurar em sua cidade o órgão municipal mais próximo para se informar.

É preciso também organizar o novo espaço, que pode ser comprar outro carrinho ou alugar um novo ponto.

Para resumir, ampliar os negócios requer planejamento. Por isso é importante refazer cálculos de quantidades de ingredientes a serem utilizados, novos equipamentos, valor destinado à manutenção de modo geral, além de organizar como transportar os ingredientes até o ponto de venda e armazenar o que sobrar. Lembre-se: faça o planejamento junto com seu sócio para evitar dúvidas e problemas no futuro.

# Perfil profissional

*Para trabalhar com lanches, salgados e doces,* aliás, para lidar com alimentação, antes de conhecer receitas maravilhosas ou até mesmo antes de dominar as técnicas de trabalho, o profissional precisa estar informado sobre os requisitos fundamentais da sua profissão.

Vamos tratar agora dos cuidados que os profissionais que produzem lanches, salgados e doces devem ter com a saúde, a higiene e a apresentação pessoal. Afinal de contas, para ser um bom profissional é preciso estar bem para poder tratar o cliente com o cuidado que ele merece. E o cliente está sempre de olho em você!

## CUIDADOS COM A SAÚDE

De acordo com as recomendações da Vigilância Sanitária, que exige controle da saúde do trabalhador e de suas condições para o trabalho, os profissionais que manipulam alimentos não podem exercer suas funções se forem afetados por afecções cutâneas (feridas), infecções respiratórias, gastrointestinais e oculares.

Ninguém está livre de ter algum desses problemas, mas, se isso acontecer, é importante estar atento aos cuidados médicos ou, em casos mais graves, afastar-se das atividades. Desse modo, os exames clínicos periódicos de saúde, incluindo a assistência odontológica, são indispensáveis.

Fique sempre de olho em sua saúde para evitar problemas para você e os consumidores de seus produtos. Alguns procedimentos incluem:

- Fazer os exames de saúde anuais para prevenir doenças, mantendo a carteira de saúde sempre em dia.
- Se estiver doente, procurar um médico. Avisar a seu superior imediato. O médico terá condições de determinar se você deve se afastar do trabalho ou não.
- Caso sofra algum ferimento leve nas mãos ou nos braços, protegê-lo com curativo e usar luvas para trabalhar.
- Acidentes mais graves, como queimaduras de segundo ou terceiro graus ou cortes profundos, exigem cuidados médicos imediatos. Nesses casos, procurar o atendimento de emergência mais próximo.

## Bem-estar e postura corporal

A rotina de quem prepara lanches é intensa. São muitas horas trabalhando em pé e a atenção voltada sempre para o tempo – nenhum pedido ou entrega pode atrasar. Posturas pouco confortáveis ou erradas e o corre-corre podem tensionar a musculatura de pescoço, braços, costas, região lombar e pernas. Em geral, só percebemos o resultado de tanta carga sobre a coluna, os joelhos e os pés no fim do dia, quando começamos a relaxar. Aí, o corpo cobra a conta.

Por essa razão, é preciso dedicar diariamente um tempo para exercícios de alongamento. Vamos dar aqui algumas sugestões de exercícios que podem ser feitos em casa, antes de iniciar o trabalho ou ao final do expediente.

### Pescoço

- Mantenha as pernas ligeiramente afastadas, com os pés alinhados aos quadris.

- Os joelhos devem estar levemente flexionados, sem estar rígidos, e a coluna deve ficar reta.

- Deixe os braços ao longo do corpo e relaxe os ombros. Os movimentos devem ser lentos e a boca deve permanecer relaxada.

- Comece movimentando apenas a cabeça, de trás para a frente. O queixo vai em direção ao peito e depois sobe até apontar para o teto.

- Depois, movimente a cabeça de um lado para o outro, devagar – a orelha direita vai em direção ao ombro direito, depois para o lado esquerdo.

- Leve o queixo para perto do peito e comece a girar a cabeça para o lado direito, para perto do ombro, depois para trás e para o lado esquerdo, descrevendo um círculo, bem devagar. Depois de algumas rotações, mude a direção do movimento.

### Braços e costas

- Em pé, com as pernas afastadas na largura dos quadris, os pés paralelos e os joelhos levemente flexionados, comece a dobrar seu tronco para baixo a partir do pescoço, bem devagar, mantendo uma respiração suave.

- Quando suas mãos estiverem perto do chão, relaxe toda a coluna, os ombros, o pescoço, a boca e as mãos. Fique um pouco lá embaixo com os joelhos levemente flexionados. Depois, comece a subir o tronco, encaixando a coluna bem devagar até ficar com a postura ereta.

- Repita esse movimento quatro vezes em câmera lenta. Ele ajuda a liberar tensões dos ombros, braços e coluna.

**Atenção!**

- Faça os alongamentos fora do ambiente de trabalho e com roupas confortáveis e adequadas. Evite possíveis acidentes.
- Nunca use o uniforme de trabalho durante os exercícios físicos para não comprometer a segurança dos alimentos.

**Região lombar**

- Deitado de costas, dobre as pernas e leve os joelhos em direção ao peito. Segure com a mão direita o joelho direito e com a mão esquerda o joelho esquerdo.

- Acomode a coluna no chão e comece a fazer um movimento levando os joelhos de um lado para o outro, da direita para a esquerda, lentamente, como se estivesse massageando sua região lombar.

- Depois, leve os joelhos para perto do peito suavemente; permaneça um pouco nesta posição. A respiração deve ficar bem suave.

- Volte as pernas para o chão e espreguice à vontade para relaxar.

**Pernas e joelhos**

- Sente-se no chão ou sobre um tapete e mantenha as costas eretas. Estique as pernas e levante os braços.

- Em um movimento contínuo e lento comece a dobrar sua coluna para a frente, mantendo suas pernas esticadas. Tente alcançar seus pés, mas não force. Respeite seus limites e vá se esticando. Com o tempo, o alongamento das pernas vai progredindo.

- Fique um tempo na posição e depois volte com o tronco devagar. Deixe a coluna reta, relaxe os braços, mãos e pernas.

- Repita o exercício no máximo oito vezes.

**Respirar novos ares!**

Além de dores musculares, quem trabalha no ambiente fechado da cozinha fica exposto ao calor e à fumaça, que podem intensificar algumas doenças respiratórias preexistentes, como asma, por exemplo. Por isso, quando tiver uma folguinha, fora do horário de pico, dê uma saída por alguns minutos para respirar ar novo.

Uma boa prática para renovar a respiração é encher bem o pulmão de ar, deixar a barriga crescer e depois soltar todo o ar na expiração. Deixe que a inspiração fique bem profunda e a expiração bem longa. Repita algumas vezes e depois deixe que a respiração siga seu ritmo natural.

## Prevenir acidentes é fácil

O dia a dia em lanchonetes, quiosques ou carrinhos, além de corrido, pode apresentar alguns riscos de acidentes. Afinal, em cozinhas e ambientes de preparação de alimentos, lidamos com fogões, fornos, botijões de gás, utensílios pesados, facas... Os profissionais que grelham alimentos ou usam chapas, por exemplo, estão sempre em contato com altas temperaturas e sujeitos a queimaduras, cortes etc. É preciso estar atento!

Para minimizar os riscos, é necessário usar sempre o uniforme de trabalho completo: calça e jaleco de mangas compridas (de algodão grosso, e não sintéticos), avental, meias de algodão e calçados com solado antiderrapante, chapéu ou touca ou boné.

Vamos listar aqui medidas simples que evitam os acidentes mais comuns entre os profissionais que preparam lanches, salgados e doces.

### Gordura quente

- Água e sal em contato com gordura quente levam a gordura a espirrar para todos os lados. Por isso, seque bem os alimentos que serão fritos e não os salgue diretamente sobre a gordura.
- Se for usar uma fritadeira, não deixe que a gordura ultrapasse 2/3 da capacidade. Em geral, esses equipamentos trazem uma marcação mostrando o limite máximo permitido.

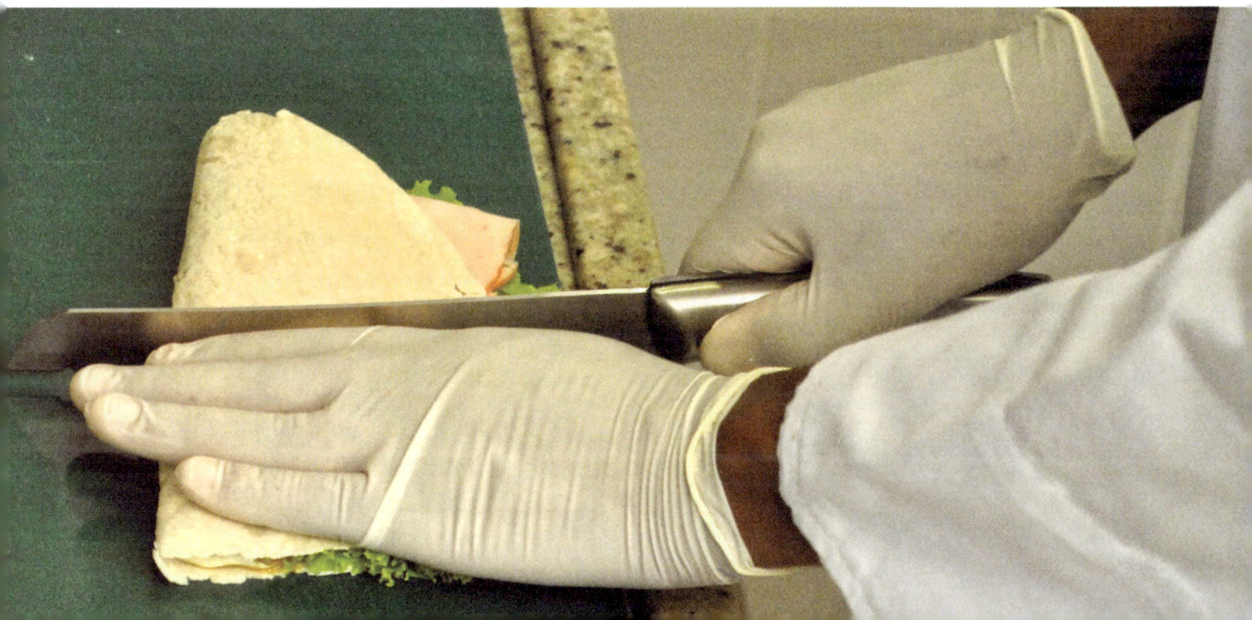

**Queimaduras**

- Os uniformes devem ser de algodão. Não use uniformes confeccionados com tecidos sintéticos, pois pegam fogo com facilidade, derretem e queimam a pele.
- Use luvas apropriadas ou panos grossos e secos para pegar recipientes quentes. Lembre-se que luvas de látex não devem ser usadas no trabalho com altas temperaturas. O calor derrete as luvas e isso pode provocar queimaduras.
- Proteja os braços quando estiver fazendo frituras ou mexendo em panelas. Isso evita que respingos de gordura ou líquido fervente queimem sua pele. Nada de dobrar as mangas do uniforme.
- Mantenha os cabos das panelas voltados para dentro do fogão ou do queimador, para ninguém esbarrar neles. Cuidado para que os cabos não fiquem sobre chamas acesas.
- Quando lidar com equipamentos a gás, não demore para acender o fogo.
- Mantenha garrafas de álcool longe do fogo, do calor e de líquidos inflamáveis.
- Deixe o fogão e os queimadores sempre limpos, pois o acúmulo de gordura em contato com o fogo pode provocar labaredas e, consequentemente, incêndios.
- Quando for abrir uma panela que está no fogo, tire a tampa com cuidado para que o vapor não atinja suas mãos e seu rosto.

- Se algum utensílio estiver quente, espere que esfrie antes de lavá-lo.

### Cortes ou ferimentos

- Segure a faca com firmeza e sempre pelo cabo. Se ela cair da sua mão, nunca tente pegá-la no ar durante a queda.
- Nunca use faca para abrir latas. Além de estragar a lâmina, pode provocar cortes profundos.
- Se for passar uma faca ao colega de trabalho, passe-a com a lâmina virada para baixo.
- Mantenha os objetos cortantes limpos e desengordurados, para que não escorreguem de suas mãos.
- Jamais toque nas lâminas (e no motor) de um equipamento ligado.
- Se for trabalhar com máquina de moer, use sempre o cepo apropriado para apertar o alimento. Não faça isso diretamente com as mãos.
- Antes de limpar o liquidificador ou qualquer equipamento elétrico, desligue-o da tomada.
- Se algum objeto de vidro quebrar, não recolha os cacos com as mãos. Recolha-os com vassoura e pá de lixo. E lembre-se: cuidado ao jogar os cacos de vidro fora – embrulhe e coloque-os em uma lata de lixo específica para esse fim.

### Quedas

- O piso do local de trabalho deve estar sempre seco e desengordurado. Se alguma coisa oleosa cair no chão, lave e seque-o.
- Se precisar pegar ou guardar algum utensílio em lugar alto, use uma escada segura. Nunca use estratégias mirabolantes.
- Mantenha os equipamentos próximos às tomadas. Não deixe fios elétricos no meio do caminho.

### Choques elétricos

- Antes de ligar um equipamento pela primeira vez, observe sua voltagem.
- Na hora da limpeza, não jogue água nas tomadas. E, antes de religar os equipamentos, verifique se os plugues estão secos.
- Fique sempre de olho nas instalações elétricas e comunique ao responsável qualquer problema elétrico que você perceba – desde uma simples tomada quebrada até algo mais sério.
- Não use bijuterias e adornos de metal, pois eles podem servir como condutores de energia.

### Explosões

- Verifique sempre se os equipamentos a gás estão corretamente acesos.

- Quando ligar o forno a gás, veja se sai fogo de todos os bicos. Se perceber alguma falha, peça uma visita da manutenção.
- Se sentir cheiro de gás no ambiente, procure descobrir imediatamente o local do vazamento. Se isso acontecer, a primeira medida de segurança é fechar a entrada de gás, seja do bujão, seja a torneira do gás natural. Depois, é muito importante chamar um técnico autorizado.

### Carrinhos de ambulante

- Dirija com cuidado o carrinho pelas ruas, sempre atento aos pedestres e aos automóveis.
- Confira os cuidados apresentados neste subtítulo "Prevenir acidentes é fácil" (p.13–26).
- Muito cuidado quando instalar botijão de gás no carrinho, siga as normas de segurança dadas pelo fornecedor. E não deixe produtos inflamáveis próximos ao fogo.

## HIGIENE E APRESENTAÇÃO PESSOAL

Para ter saúde plena, é importante manter hábitos de higiene pessoal. Lavar as mãos, por exemplo, é um procedimento fundamental para o profissional que manipula alimentos. Banhos diários e a manutenção dos uniformes sempre limpos também contribuem para a segurança na manipulação dos alimentos.

Vamos apresentar aqui um roteiro básico dos cuidados com o corpo e a apresentação pessoal. Seguindo essas orientações, esteja certo de que você manterá a qualidade do seu trabalho e contribuirá para evitar contaminações alimentares.

Uma recomendação geral: não use joias ou bijuterias, como alianças, anéis, brincos, pulseiras, colares e relógios, porque acumulam sujeira e podem cair sobre os alimentos.

### Mãos

- Lave as mãos nas seguintes situações:
  - Sempre que chegar à cozinha.
  - Antes de manipular alimentos.
  - Sempre entre um preparo e outro.
  - Após contato com partes do corpo (ao assoar o nariz, ao tossir, por exemplo).
  - Depois de usar o banheiro.
  - Depois de trabalhar no estoque (com garrafas, caixas, sacos de alimentos, latas, vidros etc.).
  - Após ter contato com lixo, material de limpeza, cigarros ou dinheiro.
  - Antes de calçar as luvas e após tirá-las.
- Mantenha as unhas curtas e limpas. Unhas compridas acumulam sujeira e são mais difíceis de higienizar.

- Proteja pequenos ferimentos nas mãos com curativo e use luvas para trabalhar.
- Não seque as mãos com toalhas que acumulam umidade, microrganismos e fungos. Se possível, use papel toalha.

### Crie o hábito de usar luvas

Além de evitar contaminações, as luvas protegem contra acidentes de trabalho. Existem vários tipos de luvas: 1) Luvas de borracha descartáveis para manipular alimentos prontos para o consumo (cozidos ou não) e frutas e verduras já higienizadas; 2) Luvas térmicas para lidar com altas temperaturas no forno e fogão; 3) Luvas de malha de aço para cortar carnes e ossos; 4) Luvas mais grossas e de cano longo para fazer limpeza.

Lembre-se de higienizar as luvas, que não são de uso descartável, quando acabar o serviço.

### Cabelos

- Limpos, penteados e presos, mantenha os cabelos protegidos por redes e toucas ou chapéus, mesmo em se tratando de cabelos curtos.
- No caso dos homens, faça a barba diariamente e proteja os cabelos com rede e touca ou chapéu. E coloque rede também sob bonés.

### Uniforme

- Cuide do seu uniforme. Procure estar sempre com o uniforme completo e o avental limpo.
- Não guarde nada nos bolsos do uniforme, para evitar que caia algum objeto sobre a comida. Brincos, colares, bijuterias, cigarros, canetas etc. devem ficar guardados no vestiário.
- O uso do uniforme deve se restringir ao ambiente de trabalho. É proibido sair com ele para outros lugares.
- No caso dos vendedores ambulantes, o uso de avental ou jaleco é fundamental para a boa apresentação pessoal.

### Calçados

- Use calçados fechados com solado antiderrapante, pois a gordura no chão da cozinha pode provocar escorregões, sem falar do risco de água ou alimentos quentes caírem sobre os pés.
- Calce meias de algodão para evitar o mau cheiro e micoses nos dedos.
- Para fazer limpeza, use botas de borracha.
- Use calçados confortáveis, nunca apertados nos pés. Essa dica é importante para os ambulantes que caminham muito.

# Qualidade em atendimento e responsabilidade social

*As atividades e os serviços no ramo da alimentação* são muito diversificados, desde a instalação física, passando pela organização das rotinas de trabalho, a preparação das receitas, até a forma de comercializar o produto final. Aliás, cada tipo de negócio requer uma forma especial de atender os clientes, que têm demandas e expectativas próprias.

Vamos ver neste capítulo alguns detalhes importantes em relação à qualidade em atendimento ao cliente. Depois, o tema "responsabilidade social" será tratado de modo que o manipulador de alimentos perceba seu papel social nas práticas diárias de trabalho, criando mais consciência quanto ao consumo de água e energia e quanto aos cuidados com o descarte de resíduos.

## ATENDIMENTO AO CLIENTE

Espera-se que o profissional que prepara lanches, salgados e doces tenha um perfil flexível, que goste de lidar com pessoas e não se importe de ficar atento a cada detalhe para agradar o cliente.

Se seu negócio for preparar e vender quentinhas, por exemplo, seu cliente será o tipo de consumidor que quer uma comida saudável, substanciosa e caseira (arroz ou massa, feijão, carne ou peixe, legume e salada). O cliente de uma obra de construção civil é diferente do cliente de um shopping center, de praças, parques e outras áreas de lazer não só em relação à quantidade de comida que espera, mas também quanto aos valores nutricionais de que necessita. Afinal, uma coisa é alimentar um trabalhador que faz enorme esforço físico durante toda a jornada de trabalho, como os operários da construção civil, e outra é satisfazer quem está passeando e se divertindo em um parque.

Em geral, numa barraca de sanduíches, acarajé, tapioca, pastel, cachorro-quente, sucos e bebidas, o cliente é aquela pessoa que está passando e quer ser atendida rapidamente, mas, ao mesmo tempo, aprecia ver a preparação e/ou a finalização do produto que vai ser consumido. Por isso a apresentação, a limpeza e a organização são um grande trunfo.

Já quando a atividade é a produção de doces e salgados, a aparência do produto e o frescor dos ingredientes, a pontualidade na entrega das encomendas, o bom preço e o acondicionamento correto dos produtos são os aspectos que devem demandar maior atenção, pois os clientes estão de olho nisso.

No caso de quem faz doces e salgados por encomenda, a clientela inicial costuma ser a vizinhança e os conhecidos. À medida que o negócio vai se firmando e se tornando mais conhecido pelo efeito boca a boca, o círculo de clientes aumenta e o profissional começa a perceber a importância de manter a qualidade e o padrão dos produtos que fizeram sua fama. Mas, atenção, o sucesso anda junto com o alto grau de exigência. E manter a qualidade também deve ser o lema de quem já atingiu a excelência.

## Pontualidade e eficiência no atendimento

Se do ponto de vista da clientela cada caso é um caso, atendimento e eficiência também têm suas particularidades. Para atingir o máximo proveito do seu tempo, é preciso ser organizado. Veja alguns exemplos de serviços e o tempo médio recomendado para um atendimento eficiente.

**Ambulantes** – Neste caso, é preciso observar o segmento de atuação e o reconhecimento dos melhores pontos de venda. Dependendo do local, pode haver concentração de pedidos em determinado horário e, então, é preciso estar preparado para atender a todos com rapidez e não perder clientes.

**Autônomos** – Se o negócio for pequeno, você vai precisar de, no mínimo, um dia para fazer bolos ou tortas confeitadas, considerando que para preparar a massa, assar, rechear e finalizar a decoração são necessárias pelo menos quatro horas. Claro que tudo vai depender do tamanho da sua estrutura e do produto preparado. Convém calcular o tempo que você gasta em sua produção para atender seu cliente com pontualidade.

**Empregados** – Para um sanduíche feito pelo chapista, 5 minutos é um tempo médio aceitável de preparo. Haja organização e eficiência em um dia de movimento!

## Cliente bom é aquele que volta e fica freguês

A melhor propaganda é o boca a boca; a melhor recompensa é uma clientela fiel e frequente. Para conseguir atingir esse estágio, é fundamental aprimorar a capacidade de planejar, organizar, administrar e executar. E, até em alguns casos, se a pequena empresa começar a crescer, vai ser preciso aprender a comandar, coordenar e controlar.

Vários empresários da gastronomia começaram oferecendo quitutes. Em pouco tempo, conquistaram uma clientela fiel e começaram a oferecer outras receitas e outros serviços. Kitty Assis, consultora técnica deste livro e autora das receitas aqui apresentadas, dá seu depoimento sobre a trajetória bem-sucedida de sua carreira como profissional de cozinha.

*Há 30 anos eu fazia pequenos jantares em minha casa e os amigos começaram a me pedir para repetir... Só que na casa deles. E foi assim que surgiu meu serviço de bufê que mantive por mais de 20 anos e que me deu muitas alegrias. Se eu tivesse naquela época acesso a um material didático como este, tudo teria sido tão mais fácil!*

Trabalhar com comida é ter a certeza de que sempre vai haver cliente. Podemos não andar na moda a cada nova coleção lançada pelas diversas grifes do mercado, mas não deixamos de comer, de comemorar aniversários e datas festivas, nunca deixamos de confraternizar.

**Supere as expectativas dos clientes**

Nunca trate o cliente como se fosse atender apenas a mais uma encomenda, mais um sanduíche, mais um bolo, mais um salgadinho... Para quem fez a encomenda e para você, deve ser "O melhor sanduíche", "O melhor bolo", "O melhor salgadinho". Se a expectativa do cliente não for atingida, ele não vai voltar a procurar seus serviços. E lembre-se: a propaganda negativa anda mais rápido que a positiva.

## RESPONSABILIDADE SOCIAL E AMBIENTAL

Hoje, sabemos que consumimos muito mais do que precisamos – e não apenas produtos industrializados –, mas esbanjamos os recursos naturais da Terra. Você já deve ter ouvido que, se continuarmos consumindo descontroladamente e tratando o meio ambiente da forma como fazemos, vamos sofrer as consequências de racionamentos e escassez de alimentos num futuro próximo. Portanto, cada um deve fazer a sua parte.

Tão importante quanto conservar os recursos naturais e não desperdiçar é cuidar com responsabilidade dos resíduos. O que fazer com o lixo representa um dos maiores problemas ambientais do mundo. Os mares, as florestas, os rios, as ruas das cidades se degradam quando são usados como depósitos de lixo. Ainda bem que a reciclagem de lixo já não é assunto tão estranho às pessoas! Em muitas cidades, a coleta seletiva é feita com regularidade. Separar o lixo reciclável do não reciclável é prática comum entre as pessoas minimamente preocupadas com o futuro do planeta.

Na rotina operacional de lanchonetes, quiosques, barraquinhas e carrinhos, ou mesmo de quem faz salgados em casa para vender pelas ruas e praias como ambulante, é possível contribuir para a preservação do meio ambiente, usando racionalmente a água e a energia elétrica e separando de modo correto o lixo, descartando-o nos locais certos.

## Economizar água

Para sobreviver, o ser humano precisa utilizar, no máximo, 120 litros de água por dia. Segundo dados da Organização das Nações Unidas (ONU), gastamos, em média, em um grande centro urbano, cerca de 200 litros de água por dia.

Para se ter uma ideia de como desperdiçamos água, ao lavarmos louça com a torneira aberta por 15 minutos, utilizamos cerca de 117 litros de água. Hábitos simples podem mudar isso. Seguem algumas dicas simples para economizar água em seu ambiente de trabalho – e também em sua casa:

- Ao lavar a louça, retire primeiro os restos de comida dos pratos e panelas com o auxílio de um talher ou papel toalha. Só depois abra a torneira para molhá-los, retirando os últimos resíduos. Ensaboe tudo que tem que ser lavado e abra a torneira novamente para o enxágue. Adotando essa prática, a economia de água pode chegar a 20 litros por operação de lavagem.
- Se houver máquina de lavar pratos no seu ambiente de trabalho, só ligue o equipamento quando o compartimento de louças estiver cheio.
- Ao lavar frutas, legumes e verduras sob água corrente, economize o máximo de água possível mantendo a torneira com pequeno fio de água.
- Deixe as folhas de molho em recipiente com água suficiente para cobri-las, nada além disso.

## Economizar energia elétrica

No Brasil, a matriz de energia é hidrelétrica, ou seja, captada da força da água dos rios. Desde 1991, o Brasil conta com um programa de governo que incentiva a racionalização da produção e do consumo de energia elétrica. Trata-se do Programa Nacional de Conservação de Energia Elétrica (Procel) e seu objetivo é eliminar o desperdício.

Hoje já é possível comprar equipamentos como geladeiras, freezers, ares-condicionados e computadores com o selo Procel de eficiência energética. Isso quer dizer que esses produtos gastam menos energia que os convencionais. O consumidor sai ganhando e a natureza agradece.

Leia estas recomendações gerais que, se forem seguidas à risca, ajudarão a combater o desperdício de energia e, consequentemente, tornarão a conta de luz bem mais barata:

- Se for possível, use aparelhos elétricos fora do horário de pico (ou seja, evite usá-los entre 18h e 21h).
- Desconfie das tomadas quentes, pois são sinônimo de desperdício.
- Na hora de fazer uma instalação elétrica, consulte sempre um técnico especializado.
- Apague as lâmpadas dos ambientes desocupados.
- Dê preferência às lâmpadas fluorescentes compactas ou circulares que possuam o selo Procel Inmetro de Desempenho. A lâmpada fluorescente economiza até 80% de energia se comparada com a lâmpada comum.

## Uso inteligente de freezers e geladeiras

- Instale geladeiras ou freezers em local bem ventilado, longe de fogão, aquecedores e áreas expostas ao sol. Deixe um espaço mínimo de 15 cm dos lados, acima e no fundo do aparelho, em caso de instalação entre armários e paredes.
- Mantenha em perfeito estado a borracha de vedação da porta.
- Não forre as prateleiras da geladeira – isso dificulta a circulação de ar.
- Se seu equipamento for antigo, faça o degelo periodicamente para evitar que se formem camadas de gelo internas. Modelos mais modernos dispensam essa prática.
- No inverno, a temperatura interna do refrigerador não precisa ser tão baixa quanto no verão. Regule o termostato.
- Não use as serpentinas de trás do equipamento para secar panos de prato e roupas. Conserve-as limpas.
- Não abra a porta dos equipamentos sem necessidade ou por tempo prolongado.
- Arrume os alimentos de forma a perder menos tempo para encontrá-los e deixe espaço entre eles para que o ar gelado circule.
- Não guarde alimentos e líquidos quentes, espere que eles esfriem. Use recipientes com tampa.
- Ao se ausentar de casa por tempo prolongado, esvazie a geladeira e/ou freezer e desligue-os da tomada.

## Cuidar dos resíduos

A quantidade de lixo que um ser humano produz por dia é de cerca de cinco quilos. O Brasil produz 240.000 toneladas de resíduos diariamente. É muito. O destino do lixo são os aterros sanitários, mas ele pode ir parar nas ruas, rios, lagoas, praias, mares etc. e poluir o ambiente, se não for descartado de modo correto. Por essas e outras, cada um de nós deve ter a consciência de que é responsável pelo lixo que produz.

O ideal seria a sociedade gerar cada vez menos lixo, reaproveitar ao máximo os alimentos, consumir menos produtos industrializados, separar o lixo reciclável do orgânico e descartá-los nos locais adequados.

Bares, restaurantes e lanchonetes nos grandes

centros urbanos, por exemplo, costumam fazer a gestão de resíduos. Separam ao menos o lixo seco do molhado. Isso já é uma ajuda e tanto para os catadores que vivem da venda do lixo seco reciclável.

Os profissionais que preparam lanches, salgados e doces podem fazer o mesmo, em casa ou nas ruas. O lixo seco e o molhado devem ser acondicionados em sacos e lixeiras diferentes e colocados em lixeiras bem fechadas. As embalagens sujas devem ser sempre lavadas.

Também é possível obter informações na prefeitura de sua cidade – caso haja alguma cooperativa de catadores atuando no bairro. Você pode separar o lixo reciclável para eles. Há cidades no Brasil que contam com uma rede de Ecopontos, locais onde é possível fazer o descarte correto de determinados tipos de resíduos, como pilhas e baterias. Em geral, eles funcionam em unidades de grandes redes de supermercados ou em locais públicos como praças. Informe-se!

Manipular o lixo pode parecer uma tarefa simples, no entanto requer vários cuidados para não contaminar nem o manipulador nem o ambiente. Seguem aqui algumas medidas preventivas contra contaminações pelo lixo:

- A lixeira ideal deve ter tampa e pedal. Use o pedal para não contaminar as mãos ao descartar o lixo.
- Sempre que manipular o lixo, utilize luvas de borracha com cano longo, exclusivas para essa atividade. E sempre desinfete as luvas e as maos após a tarefa.
- Mantenha as lixeiras externas em local o mais reservado possível: sob uma cobertura que as proteja do sol e da chuva e longe de cães e gatos. Se considerar necessário, feche as lixeiras com corrente e cadeado.
- Nunca deixe a lixeira da cozinha sobre a bancada. Ela deve ficar no chão, perto do local onde os alimentos são manipulados.
- Use sacos de tamanho apropriado para a lixeira. Isso evita que o lixo caia no piso. E não deixe que os sacos de lixo fiquem totalmente cheios. É necessário conservar um espaço para fechá-los com segurança.
- O ideal é que a lixeira tenha tamanho suficiente para comportar todo o lixo de um turno, a fim de que a troca seja realizada no intervalo de um turno para o outro.
- Deposite os sacos de lixo recolhidos em caçambas externas próprias para esse fim.
- Todas as lixeiras devem ser lavadas antes de receber um novo saco de lixo. Este procedimento serve tanto para as lixeiras internas quanto para as externas.
- Sempre desinfete as luvas e as mãos após manipular o lixo.

» Fique atento aos dias e horários que o caminhão do lixo passa para recolher os resíduos. Descarte a maior quantidade possível de lixo um pouco antes do horário. Assim, você evita que o lixo permaneça na rua por muito tempo e atraia insetos e outros animais.

## Ambulante, cuide do lixo que você e seus clientes produzem!

O ambulante sempre precisa adaptar seus serviços às condições de trabalho. Seguem aqui algumas recomendações sobre o lixo:

- A maioria dos carrinhos já tem em sua estrutura uma adaptação para o lixo. Quase sempre as lixeiras não são grandes o suficiente para um dia inteiro de trabalho, mas nada impede que o saco seja fechado e colocado em uma lixeira da prefeitura.
- Separe o lixo reciclável do não reciclável, de preferência em dois sacos diferenciados. Carregue-os até um local apropriado para descarte – as lixeiras urbanas.
- Nunca deposite o lixo em calçadas e jamais o atire pelas ruas.
- Sempre desinfete as luvas e as mãos depois de mexer com lixo.

## Óleo de cozinha: o vilão

Quando se trata de resíduos, o óleo de cozinha é um capítulo à parte, pois é muito poluente. Um litro de óleo jogado no ambiente polui cerca de um milhão de litros de água. Quando é jogado no encanamento, o óleo causa entupimento nas tubulações e exige a aplicação de diversos produtos químicos para a sua remoção. Se não existir um sistema de tratamento de esgoto, o óleo acaba na superfície dos rios e das represas, contaminando a água e matando muitas espécies que vivem nesses habitats. Se for jogado no solo, o óleo de cozinha pode impermeabilizá-lo, o que contribui com o agravamento de enchentes e alagamentos.

Quem trabalha usando óleo constantemente deve colocá-lo em recipientes específicos para esse fim. Em várias cidades brasileiras há entidades que recebem o óleo usado e o enviam para reciclagem. Você pode procurar saber na prefeitura de sua cidade ou mesmo na internet se onde você mora existem projetos de coleta de óleo de cozinha. Se não tiver jeito, descarte o óleo em garrafas PET ou em vidros bem fechados.

## Aproveitar integralmente os alimentos

Segundo dados da Empresa Brasileira de Pesquisa Agropecuária (Embrapa), mais de 26 milhões de toneladas de alimentos são desperdiçados anualmente no Brasil, desde a colheita, passando pelo transporte, armazenamento, processamento, varejo e processos culinários.

Quem trabalha com alimentos deve ter em mente a possibilidade de aproveitá-los na íntegra, isto é, usar nas preparações culinárias partes do alimento que costumam ser desprezadas, como folhas, talos, entrecascas, cascas e sementes. Um profissional que faz salgados para vender, por exemplo, pode criar recheios que aproveitem folhas e talos de couve-flor ou espinafre. Além de evitar desperdícios, o aproveitamento integral dos alimentos diminui a quantidade de lixo produzido, reduz custos e ainda rende pratos saudáveis e nutritivos.

Mas também é possível combater o desperdício de alimentos calculando a quantidade certa dos produtos que serão usados, comprando alimentos da estação (mais baratos e de melhor qualidade), conservando os produtos de forma adequada em recipientes fechados e temperatura ideal, como veremos nos próximos capítulos.

# Rotinas de trabalho

*Como em toda atividade que envolve produção,* o profissional que prepara lanches, salgados e doces só tira vantagens do planejamento de seu trabalho. Ao organizar as rotinas diárias, vai ganhar em eficiência e segurança. Sem contar que terá mais tempo para resolver o que ficou pendente no dia anterior, para testar novas receitas, ou procurar novos clientes, dar atenção à manutenção de equipamentos... O planejamento é a alma do negócio.

A rotina de trabalho de quem prepara lanches pode ser planejada com base nas seguintes etapas, que serão detalhadas a seguir:

1. Ao entrar em seu ambiente de trabalho, é necessário fazer uma vistoria na higiene do local e conferir os lanches e/ou outros produtos que serão preparados no dia e no dia seguinte. Além disso, checar o estoque, para verificar se não está faltando algum insumo.
2. Pré-preparar os alimentos (limpar, cortar, demolhar, temperar).
3. Preparar os lanches e/ou outros produtos do dia e adiantar o preparo dos que serão servidos no dia seguinte.
4. Observar as normas de segurança na manipulação dos alimentos desde o pré-preparo, preparo, armazenamento das embalagens e transporte até a distribuição dos produtos, conforme o negócio ou serviço.
5. Limpar, organizar e deixar o ambiente pronto para o dia seguinte. Equipamentos e utensílios também devem ser higienizados após o uso.

## AO CHEGAR AO TRABALHO

Se tudo foi deixado limpo e organizado para o dia seguinte, ao iniciar o trabalho você deve fazer uma vistoria completa das condições de higiene dos utensílios, dos equipamentos e das bancadas. Não se esqueça de higienizar a bancada antes de iniciar o trabalho. Verifique se o lixo foi corretamente retirado e se as lixeiras limpas estão com sacos plásticos. Isso vale tanto para os ambientes profissionais quanto para as cozinhas domésticas.

Feito isso, bastaria tomar seu banho, colocar o uniforme e começar o pré-preparo dos alimentos, mas... de vez em quando acontecem contratempos que precisam ser resolvidos assim que você entra na cozinha! Por exemplo, o liquidificador não chegou do conserto, a entrega de frangos não foi feita e é preciso ligar para o fornecedor, o ajudante ligou e disse que não vai trabalhar etc.

Quanto à verificação do estoque, o ideal é que seja feita no final do dia, assim você tem tempo de resolver a falta de algum insumo. É importante conferir se todos os produtos que vão ser usados no dia e no dia seguinte estão disponíveis. E se o espaço do estoque for grande, é possível estocar mais produtos não perecíveis e ter um controle quinzenal ou mensal. O mesmo vale para os perecíveis, se você tiver um bom freezer ou até mais de um. É claro que frutas, legumes e verduras não se incluem nesse caso, como veremos adiante.

### Controle e gerenciamento de estoque

Se você ainda não conhece bem o fluxo de trabalho e a demanda, faça o controle e o gerenciamento do estoque diariamente ou, no máximo, a cada dois dias. Para quem prepara lanches, salgados e doces que incluem produtos muito perecíveis (frios e maionese, por exemplo) ou frescos (saladas, frutas, folhas), a verificação deve ser diária.

## PRÉ-PREPARAR OS ALIMENTOS

O pré-preparo deixa os alimentos semiprontos para o armazenamento ou para a preparação propriamente dita. Isso significa limpar, cortar, pré-cozinhar e submeter os alimentos a processos diferenciados.

Aqui, vamos tratar do pré-preparo de modo geral. Cada lanche tem uma pré-preparação específica cujos detalhes serão considerados no próximo capítulo – nas receitas de sanduíches, salgados fritos e assados, bolos, tortas e doces.

Em todos os segmentos que servem lanches, é fundamental calcular a quantidade de ingredientes usados por semana para comprar o suficiente, nem demais, nem de menos. Assim, evita-se que o alimento perca a qualidade ou estrague. É claro que também deve ser considerado o espaço disponível para estoque, tanto para perecíveis quanto para não perecíveis, como já vimos aqui.

Outro aspecto importante é a higiene do entorno durante o processo de pré-preparo: mantenha as mesas, bancadas e pias limpas e organizadas a cada nova etapa. As louças a serem lavadas devem estar organizadas sobre uma bancada específica para esse fim, para que não atrapalhem o fluxo do trabalho e não aconteça a contaminação cruzada (ver p. 49).

Em **lanchonetes**, os alimentos pré-preparados podem ser organizados um ao lado do outro, sempre separados e dentro de tigelas ou potes tampados. As carnes, já cortadas, devem ficar em local refrigerado e podem ser temperadas com antecedência, conforme a receita. Além de organizar os ingredientes, é importante verificar se os equipamentos e utensílios também estão próximos do local do preparo.

Não esqueça que a vigilância sanitária obriga a identificação com etiquetas nos recipientes usados para guardar ingredientes fora da embalagem original. Anote o nome do produto e a data em que foi embalado e refrigerado. Lembre-se de que o prazo de validade muda quando o produto é retirado da embalagem original e também deve ser informado na etiqueta.

Quem trabalha em **barraquinhas** ou **quiosques**, onde não há muito espaço, deve manter os ingredientes já pré-preparados e acondicionados o mais perto possível das mãos. Uma boa dica é organizá-los na sequência do preparo para agilizar o processo. Todo cuidado é pouco com o armazenamento, pois com frequência esses produtos ficam fora do refrigerador. Se não houver condições seguras de armazenamento, deve-se pensar em proposta de cardápio que utilize gêneros que não promovam riscos à saúde do consumidor. Consulte as regras de segurança na manipulação dos alimentos que serão descritas nas p. 45 a 60.

**Vendedor ambulante** ou **empreendedor individual** que prepara salgados para vender deve considerar as encomendas e o histórico do fluxo de vendas na hora do pré-preparo, a fim de não pré-preparar nem demais nem de menos. No segmento de lanches, os ingredientes podem ser organizados dentro de potes de vidro, aço inox ou plástico (desde que sem ranhuras) tampados e refrigerados, assim como se faz na maioria das lanchonetes. As carnes devem ficar em local refrigerado e podem ser temperadas com antecedência, conforme a receita. Os equipamentos e utensílios também devem estar próximos do local do preparo. Esses procedimentos organizam o trabalho, ainda que a cozinha seja caseira.

## Dicas gerais de pré-preparo

**Camarão:** tenha sempre porções individuais em sacos plásticos fechados e congelados. Será fácil calcular a quantidade que precisa descer para a geladeira todo dia. No caso de precisar de mais, o descongelamento em porções vai facilitar.

**Carne bovina, carne suína, carne-seca, frango:** congele porções individuais como recomendado para o camarão. A carne-seca deve ser dessalgada antes do congelamento. Lembre-se de que os cortes das carnes variam, dependendo da finalidade. Nas etiquetas, anote o tipo de carne, o corte, além da data de congelamento e validade.

**Ervas aromáticas e especiarias:** não faça um estoque muito grande, ainda mais se você morar no litoral, pois a umidade faz as ervas e especiarias perderem o perfume e mofarem.

**Farinhas:** de trigo, de milho, de mandioca, amido de milho, essas farinhas precisam ser peneiradas para serem usadas na confecção de bolos e tortas.

**Frios:** conserve os frios em embalagem apropriada, com tampa. Porcione em fatias ou no corte em que serão empregados, mas em quantidade que não amasse ou danifique as fatias localizadas embaixo.

**Frutas, legumes e verduras:** devem estar frescos e sem partes amareladas ou queimadas, por isso o ideal é comprá-los diariamente, ou no máximo a cada dois dias. O ideal é ter um ou mais fornecedores de confiança para atualizar o estoque com a maior frequência possível.

**Gorduras:** manteiga, margarina, gordura de coco, gordura hidrogenada, banha e gradina (usada para fazer massa folhada) podem ficar rançosas por má conservação ou se estiverem fora do prazo de validade. O cheiro forte e o sabor amargo ou ácido deixam o alimento com um gosto ruim, portanto, impróprio para o consumo. Assim, verifique o frescor da gordura antes de usá-la. Se você teimar em seguir com a receita, vai perder todos os outros ingredientes.

**Hambúrguer:** tenha sempre as porções individuais congeladas em sacos plásticos fechados.

**Linguiça:** congelar porções individuais. O corte também vai variar, dependendo da receita.

**Ovos:** antes de utilizar os ovos, quebre um de cada vez em um recipiente à parte. Só acrescente os ovos à preparação depois de verificar sua qualidade e seu frescor. Um único ovo estragado compromete a receita inteira e pode levar à intoxicação alimentar.

**Pães:** devem ser frescos e comprados diariamente por turnos – manhã, tarde e noite. Mofo é um dos problemas mais comuns em pães, em especial os de fôrma. É preciso ficar de olho na validade e armazenar em local fresco e arejado.

**Produtos industrializados:** confira o estado da embalagem, a validade, a aparência, a cor e o odor dos produtos industrializados.

**Queijos:** os amarelos não devem ter aparência esbranquiçada e os brancos não podem estar amarelados. A durabilidade do queijo branco é muito curta, e recomendamos que a compra seja feita de três em três dias, no máximo.

**Salsichas:** tenha um fornecedor de confiança e conserve-as sempre na geladeira.

## PREPARAR OS LANCHES

Nas lanchonetes, os itens mais comuns no cardápio são sanduíches, salgados fritos ou assados, bolos, tortas, sucos, vitaminas e milkshakes. Nos quiosques, sobretudo os de praia, vendem-se petiscos fritos, como batata, aipim, peixe, camarão, entre outros, e sanduíches mais simples, como misto-quente ou hambúrguer. Nos carrinhos ou nas barraquinhas espalhadas pelas ruas, o cliente encontra uma diversidade de iguarias: acarajé, tapioca, milho cozido, pipoca, doces, pudins, bolos, churrasquinho, cachorro-quente, sopas, caldos e até prato feito.

Independentemente do segmento em que trabalha, o profissional precisa dar atenção especial à qualidade dos alimentos na hora da compra e do pré-preparo. Se o pré-preparo dos lanches for executado com cuidado e organização, a preparação fica muito mais simples e rápida.

O pré-preparo estará explícito no próximo capítulo em cada receita, mas os cuidados com a higiene do ambiente e as questões de armazenamento e conservação serão tratados no item "Segurança na manipulação dos alimentos" nas páginas seguintes.

### Mantenha o mesmo padrão dos seus lanches

Na hora de preparar uma receita, o profissional deve levar em conta que o cliente quer aquele salgado, aquele sanduíche que comeu na semana passada; quer o mesmo sabor, a mesma aparência e textura, a mesma qualidade que identifica nos produtos daquele vendedor ou fornecedor.

Vamos listar aqui algumas dicas para você conseguir manter o mesmo padrão das receitas e da apresentação de seus produtos:

- Mantenha o registro correto da receita, ou seja, uma ficha técnica com as quantidades de ingredientes e as observações sobre o aumento da quantidade ou a necessidade de substituição de ingredientes, considerando as safras dos alimentos. Fora da safra, os alimentos são mais caros e nem sempre têm a mesma qualidade.
- Disponha sempre dos utensílios e equipamentos adequados para o preparo de sanduíches, salgados, tortas e bolos.

## SEGURANÇA NA MANIPULAÇÃO DOS ALIMENTOS

Até chegar às mãos do consumidor, devem ser adotados procedimentos de segurança na manipulação dos alimentos pelos profissionais que preparam lanches, salgados e doces, para evitar riscos de contaminação alimentar.

A higiene na manipulação dos alimentos no pré-preparo e preparo, a conservação e o armazenamento, a embalagem adequada, o transporte cuidadoso, a manutenção do produto em temperatura ideal, a maneira correta de servir o lanche são requisitos que garantem a segurança dos alimentos e também mantêm a integridade dos produtos e sua aparência. Conscientize-se de que a segurança dos alimentos é importantíssima para que a qualidade do seu serviço seja percebida pelo consumidor. E, afinal, todos os profissionais do lanche querem transformar consumidores em clientes fiéis.

Vamos tratar agora de cada aspecto da segurança dos alimentos.

### Higiene

No capítulo 2, apresentamos um roteiro básico dos cuidados com o corpo e a apresentação

- Calcule o custo real (insumos, embalagem, gás, luz, mão de obra) e assim poderá obter o preço ideal do produto, para manter a qualidade sem necessidade de substituir ingredientes por outros mais baratos.
- As condições climáticas também influem no preparo da receita e na conservação do produto. No verão, por exemplo, aumente a quantidade de gelatina nas receitas e tome cuidado com as que levam chocolate, chantilly e ovos crus: a gelatina dará mais consistência à preparação; o chocolate e o chantilly derreterão com muita rapidez e por isso exigem o dobro de cuidado no transporte e na conservação; o tempo de frescor dos ovos é muito menor no verão. Outro exemplo: com o tempo úmido, docinhos caramelados derretem logo logo.

pessoal. Seguir esses itens, além de manter sua saúde, ajuda a evitar a contaminação alimentar.

Como vimos, a mais básica e importante recomendação para evitar contaminações é manter as mãos e os antebraços sempre higienizados ao iniciar cada tarefa. Esse procedimento é bem simples quando se tem uma torneira e sabão por perto, porém, quando se trata de um vendedor autônomo que fica em sua barraquinha na rua, a higienização das mãos deve se dar de modo diferente. Leia o passo a passo ao lado.

## Higienizar as mãos na rua

O vendedor ambulante ou o empreendedor individual que trabalha em barraquinhas ou carrinhos de lanches deve ter um galão de água ou um recipiente disponível para lavar as mãos. O álcool gel é um coadjuvante, não limpa sozinho. O ideal é lavar as mãos com água limpa e depois aplicar o álcool gel como antisséptico.

## Higienizar as mãos

Molhe as mãos e os antebraços com água. Aplique sabão para cobrir as mãos. Para uma higienização perfeita, execute as etapas a seguir:

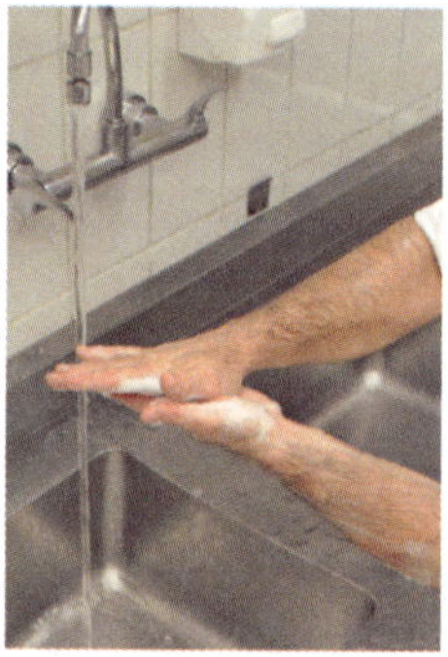

*Esfregue as palmas das mãos, uma na outra.*

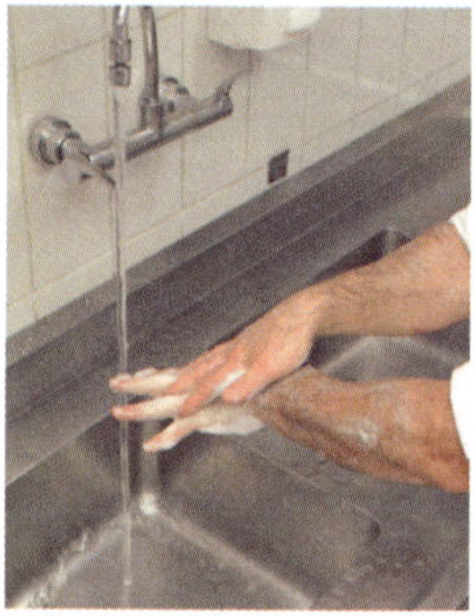

*Palma da mão direita sobre o dorso da esquerda e vice-versa.*

*Palma com palma com os dedos entrelaçados.*

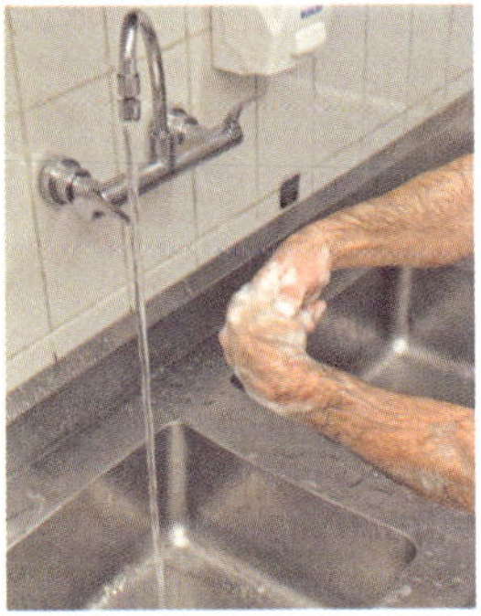

*Parte de trás dos dedos nas palmas opostas, com os dedos entrelaçados.*

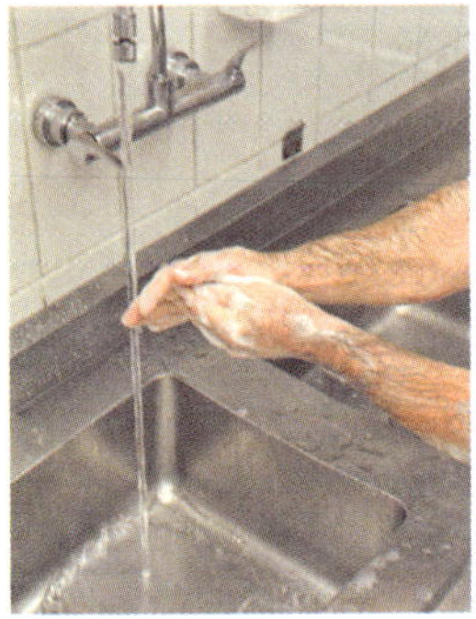

*Esfregue o polegar esquerdo em sentido rotativo, entrelaçando na palma direita e vice-versa.*

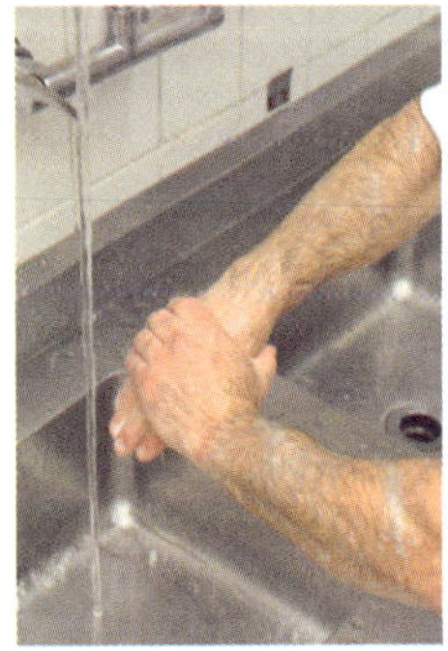

*Esfregue rotativamente para trás e para a frente os dedos da mão direita na palma da mão esquerda e vice-versa.*

Para completar, enxágue as mãos e os antebraços com água e seque-os com toalha de papel não reciclado. Lembre-se de usar a toalha de papel para fechar a torneira. Agora que suas mãos e antebraços estão limpos, complete o processo passando álcool gel como antisséptico.

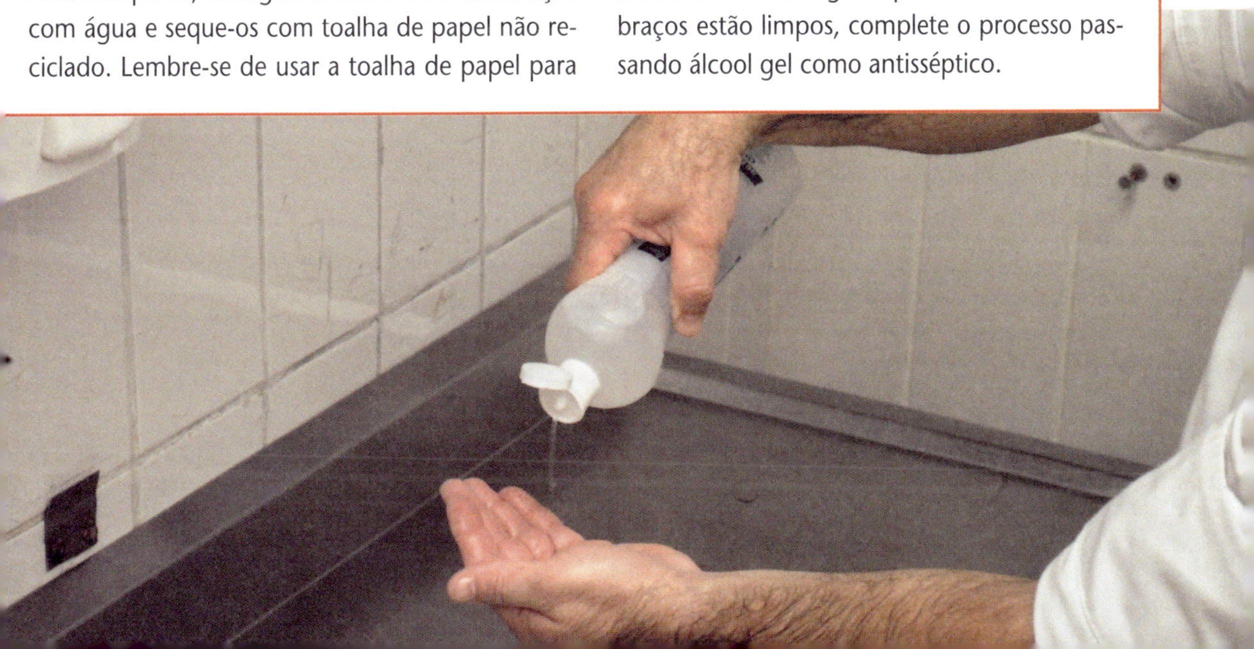

## Manipulação de alimentos X Manipulação de dinheiro

Você sabia que uma cédula de dinheiro pode conter até 83.900 microrganismos? O estudo feito pelo Instituto de Pesquisas Biomédicas da Universidade Gama Filho, no Rio de Janeiro, mostrou que as bactérias encontradas com mais frequência nas notas são as do gênero *Staphylococcus,* capazes de causar infecções em seres humanos.

A pesquisa deixa claro que dinheiro na mão é risco de infecção. Quem trabalha manipulando alimentos deve redobrar o cuidado com a higiene das mãos. Especialmente o ambulante e o quiosqueiro, pois trabalham sozinhos e precisam servir e ainda receber o pagamento e dar o troco.

Usar luvas para fazer o lanche é o procedimento mais indicado. Lojas especializadas vendem caixas de luvas de plástico transparente ou as de borracha, bem finas.

Mas o uso das luvas não libera ninguém dos cuidados de higiene com as mãos. A luva deve ser usada apenas na manipulação do alimento; não se deve pegar em dinheiro usando a luva. Quem não puder lavar as mãos a cada nova tarefa, pode usar uma solução antisséptica, como álcool gel, para higienizar as mãos.

Durante o pré-preparo e preparo, a manipulação dos alimentos deve ser realizada de forma segura, ou seja, eliminando os perigos que possam causar contaminações alimentares. Além da higienização das mãos, a limpeza do ambiente de trabalho, incluindo os equipamentos e utensílios usados na cozinha, é fundamental garantir que o consumidor receba alimentos saudáveis, livres de contaminação. Não se deve esquecer também da limpeza e desinfecção dos meios que transportam os produtos: embalagens, carrinhos, veículos, enfim. Falaremos sobre limpar e organizar o ambiente nas páginas 61–68.

Mas, cuidado! Às vezes os perigos não são percebidos, como a *contaminação cruzada*. Ela pode ocorrer de duas maneiras: **1)** quando mãos, superfícies, utensílios e equipamentos tocam no alimento cru e, depois, em alimentos prontos para consumo; **2)** quando alimentos crus entram em contato com alimentos prontos. Para evitar a contaminação cruzada, basta higienizar mãos, superfícies, utensílios e equipamentos a cada nova tarefa. Uma dica boa é ter tábuas de polipropileno de diferentes cores para separar os alimentos por categoria na hora do pré-preparo e preparo.

## Armazenamento e conservação

A segurança na manipulação dos alimentos inclui cuidados ao armazenar os produtos. Em todas as formas de estocagem, a regra básica é descartar alimentos com prazo de validade vencido e os impróprios para o consumo.

O ideal é organizar os produtos de forma que os com data de validade mais próxima sejam usados primeiro. Esse sistema, praticado em supermercados, é conhecido como PEPS: o Primeiro que Entra é o Primeiro que Sai.

Manter o estoque organizado e conservá-lo sempre limpo são requisitos importantes para manter a qualidade dos alimentos por mais tempo. Seguem algumas recomendações de organização de estoque:

- Alimentos perecíveis devem ser armazenados o mais rápido possível. Não podem ficar expostos à temperatura ambiente.
- Alimentos congelados devem continuar em temperatura abaixo de 18oC até o momento do descongelamento que antecede o preparo. E devem ser deixados na geladeira para descongelar aos poucos.
- Diferentes tipos de alimentos podem ser armazenados no mesmo refrigerador desde que devidamente embalados e identificados.
- Alimentos fora da sua embalagem original devem ser etiquetados com o nome do produto, a data em que foi embalado e a data de validade.
- Antes de entrar na cozinha, descarte qualquer caixa de papel ou madeira: elas podem trazer insetos e pequenos roedores.
- Nunca utilize embalagens de produtos de limpeza para guardar alimentos.

- Use as prateleiras mais baixas para os itens mais pesados (garrafas, caixas de leite e latas, por exemplo). Se possível, deite as caixas e garrafas e empilhe umas sobre as outras.
- Não forre as prateleiras com toalhinhas plásticas ou qualquer outro tipo de tecido. Elas podem atrair insetos e bloqueiam a circulação de ar.
- Um atrativo para insetos são embalagens abertas. Todo produto não perecível aberto deve ser acondicionado em embalagens plásticas ou de vidro bem fechadas com etiqueta que identifique a validade do alimento.
- Materiais em papel ou plástico (guardanapos, toalhas de papel, copos de plástico, canudos, por exemplo) podem ser armazenados junto com os alimentos, mas em prateleiras separadas.
- Os materiais de limpeza devem ficar bem longe dos produtos alimentícios. É importante manter uma estante exclusiva para eles, de preferência em outro ambiente.
- Vassouras, pás e rodos também precisam ficar longe dos alimentos. Mesmo os produtos novos devem ser armazenados separadamente – é orientação da Vigilância Sanitária.

## Tipos de armazenamento

**Armazenamento a seco:** os locais de armazenamento a seco devem facilitar a circulação do ar e, portanto, respeitar as distâncias recomendadas entre teto, estantes, prateleiras, paredes, estrados de polietileno e piso:

- do teto até a prateleira: 60 cm
- dos estrados ou estantes até a parede: no mínimo 30 cm
- da prateleira ou do estrado até o piso: 20 cm

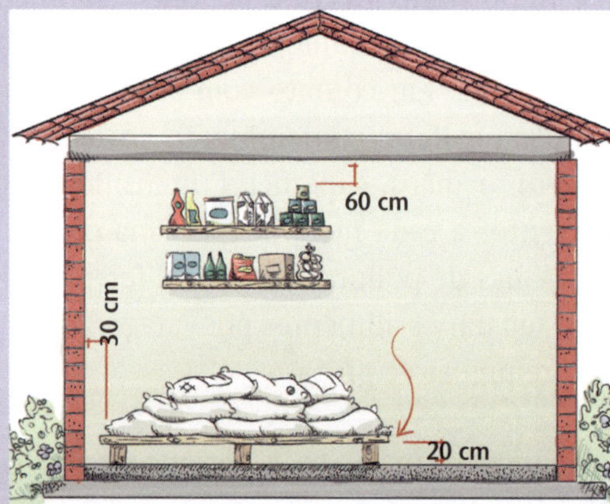


**Armazenamento sob refrigeração:** todo equipamento de refrigeração deve ter um termômetro à vista para a habitual verificação da temperatura ideal. E, como regra básica, nunca pode ser desligado se tiver produtos armazenados em seu interior.

Para que a temperatura interna do refrigerador não se altere, recomenda-se que a porta seja aberta apenas quando necessário.

A organização interna também ajuda a evitar contaminações: os produtos prontos para consumo devem ficar nas prateleiras superiores; os semiprontos nas prateleiras do meio; e os alimentos crus, nas de baixo.

Em caso de dúvida, consulte as temperaturas ideais de refrigeração:

| Produto | Temperatura de armazenamento sob refrigeração |
|---|---|
| **Carnes** | Inferior a 5°C |
| **Pescados** | De 0° a 1°C ou em caixas com 1,5 kg de gelo para cada 1 kg de peixe (intercalar uma camada de gelo e uma de peixe). A primeira e a última camadas devem ser apenas de gelo. |
| **Frios e laticínios** | Até 8°C |
| **Frutas, legumes e vegetais** | Até 10°C |
| **Produtos pré-preparados (descongelados, dessalgados, cortados, temperados ou higienizados)** | Até 5°C |
| **Ovos** | Até 10°C |
| **Massas** | Até 8°C |
| **Sobremesas prontas** | Até 6°C |

**Armazenamento sob congelamento:** a temperatura ideal de congelamento é de -18°C a -23°C. O alimento deve estar seco, limpo, íntegro e devidamente etiquetado com informações (nome do produto, fornecedor, data de validade e data do congelamento). Vasilhames de plásticos, vidros com tampa, potes de alumínio, sacos plásticos de primeiro uso apropriados para alimentos e papel alumínio são as embalagens ideais para acondicionar os alimentos no freezer.

A maioria dos alimentos (pães, carnes, aves, peixes, sopas, vegetais cozidos ou preparados no vapor) pode ser congelada. Mas gelatina, clara em neve, batata cozida, creme de leite, queijos minas e ricota, banana crua, vegetais crus e ovo perdem em sabor e textura depois de descongelados. Os alimentos podem ser congelados com molho, desde que ambas as preparações tenham sido elaboradas de forma adequada e congelada e descongelada corretamente. E atenção: uma vez descongelado, o alimento não deve ser congelado de novo.

O reaproveitamento de alimentos é sempre contraindicado em serviços de alimentação como medida para evitar a contaminação. Portanto, para evitar desperdícios, calcule a quantidade exata (ou muito aproximada) de ingredientes que serão utilizados no dia. O alimento que não foi usado merece atenção – se for um insumo perecível e ficou fora do refrigerador ou exposto no local do serviço de lanches, não poderá ser reutilizado no dia seguinte e deve ser descartado da forma correta.

Outra questão é o aproveitamento integral dos alimentos. Se você trabalha fazendo salgados, por exemplo, pode usar folhas de vegetais para fazer recheios e criar receitas saborosas com o máximo proveito dos ingredientes.

*Embalagem primária*

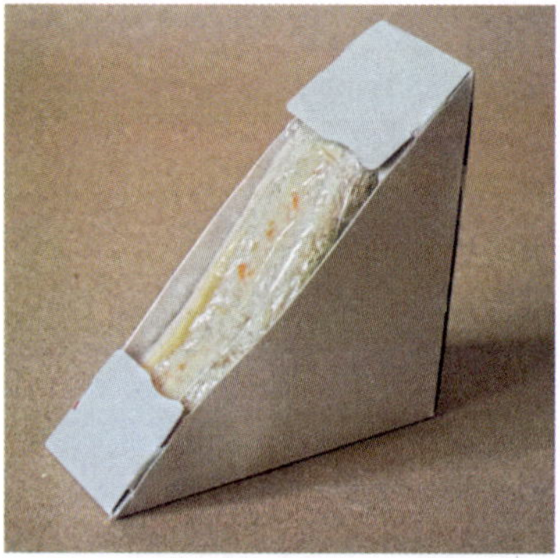

*Embalagem secundária*

*Embalagem terciária*

## Embalagem

Como se sabe, embalagem é o invólucro ou o recipiente usado para embalar, garantir a conservação e facilitar o transporte e o manuseio dos alimentos. Podemos falar em três tipos de embalagem: a embalagem primária, aquela que entra em contato direto com os alimentos; a embalagem secundária ou pacote, destinada a conter a embalagem primária; e a embalagem terciária, que inclui uma ou várias embalagens secundárias.

Para quem vende produtos diretamente ao público ou fornece lanches para empresas, é importante verificar se as embalagens fecham hermeticamente os produtos e os protegem de contaminações. As embalagens devem ser armazenadas em local separado dos insumos, de preferência em outro ambiente ou então em uma estante exclusiva para elas.

Veja nos boxes adiante os tipos de embalagens descartáveis que podem ser encontradas com facilidade em lojas especializadas.

## Transporte e higiene

Quem faz lanches em casa e os vende na rua ou para terceiros (restaurantes, lanchonetes, bares etc.) deve optar por uma forma de transporte que ajude a conservá-los e a protegê-los de contaminações. As caixas térmicas são uma boa opção. Elas devem ser limpas, e cada tipo de lanche precisa ser acondicionado em uma caixa própria. Imagine o transporte de empadinhas ou bolos, por exemplo. Além de estarem bem acondicionados em caixas térmicas ou de isopor, devem ser embalados um a um.

Em barraquinhas de lanches, como cachorro-quente, pipoca, tapioca, acarajé, por exemplo, se houver ingredientes adicionais a serem oferecidos, como milho, ervilha, batata palha etc., recomenda-se distribuí-los em potes menores muito bem higienizados. O ideal é que os alimentos fiquem expostos em pequenas quantidades. Conforme forem terminando, deve-se fazer a reposição de cada um. Essa reposição pode ficar armazenada em caixas térmicas ou em equipamentos refrigerados. Desse modo, os acompanhamentos estarão sempre frescos, brilhantes e com uma bonita cor. Outro detalhe: condimentos como mostarda, catchup e maionese devem ser oferecidos em sachês, como recomenda a Vigilância Sanitária.

## Como embalar e servir sanduíches

## Como embalar e servir bolos e tortas

## Como embalar e servir salgados fritos e assados

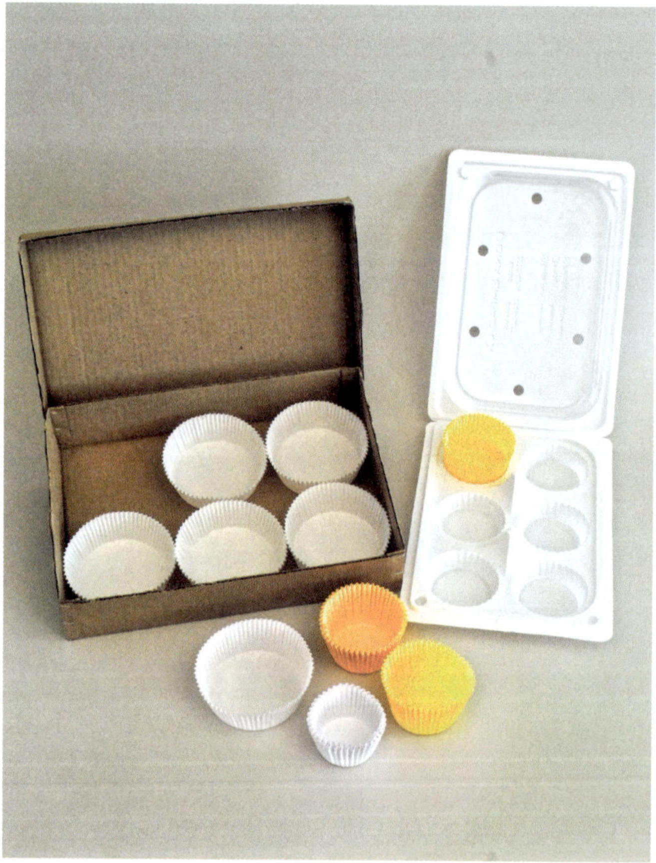

## Como embalar e servir docinhos

## Como embalar e servir sucos e milkshakes

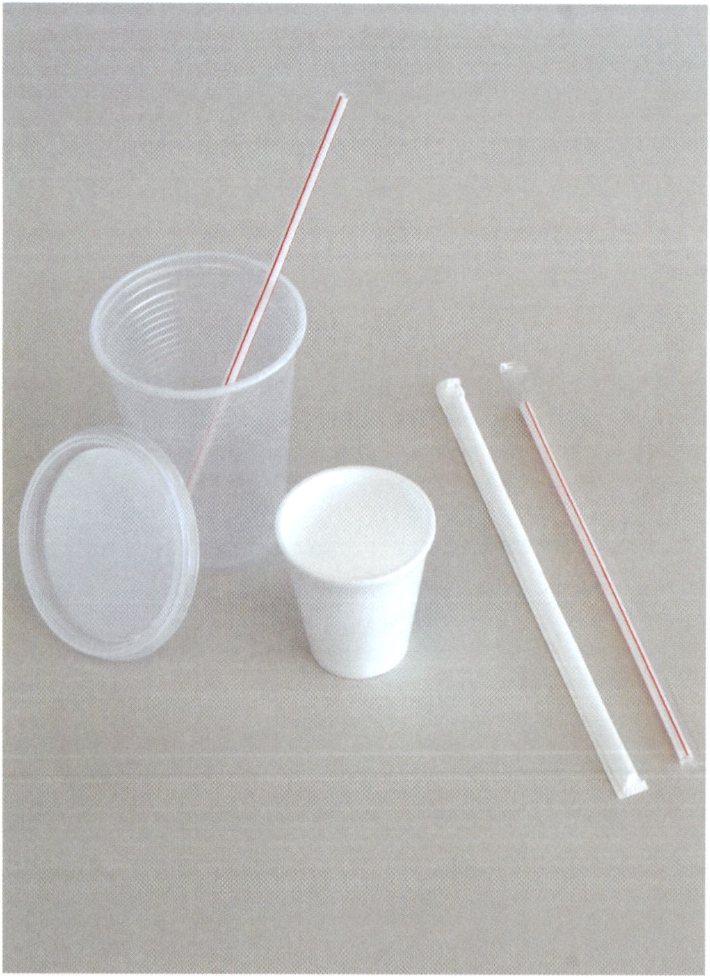

## Rotular as embalagens é obrigatório

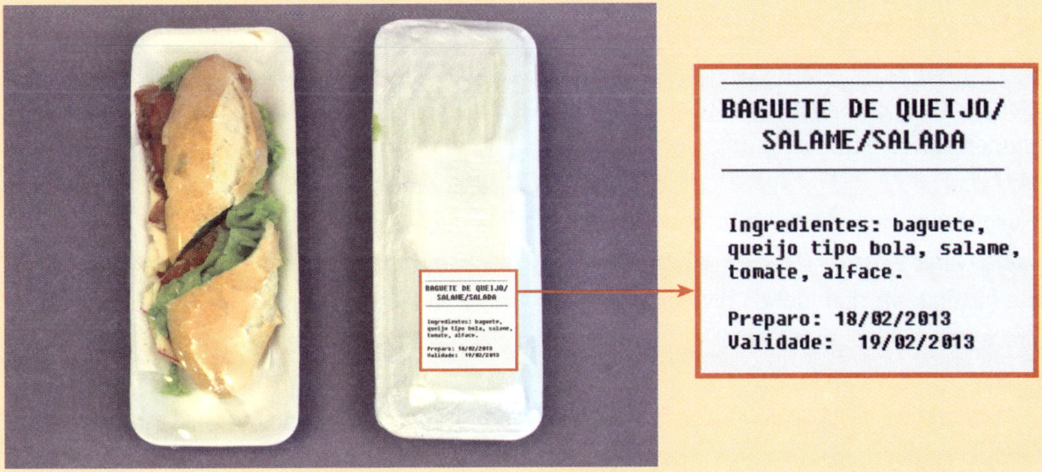


Segundo resolução da Agência Nacional de Vigilância Sanitária (Anvisa), todo alimento fornecido para a comercialização, qualquer que seja sua origem, embalado na ausência do cliente e pronto para ser oferecido ao consumidor, deve estampar um rótulo.

A rotulagem de alimentos precisa apresentar as seguintes informações:

1) denominação de venda do alimento (nome específico do alimento);
2) lista de ingredientes;
3) conteúdos líquidos;
4) identificação da origem;
5) identificação do lote;
6) prazo de validade;
7) instruções sobre o preparo e uso do alimento (quando necessário).

Os ambulantes podem fazer etiquetas mais simples, com o nome do produto, os ingredientes, a data de preparo e a data de validade.

Nota: Para mais detalhes, consulte na internet a Resolução RDC n. 259, de 20/09/2002 da Anvisa (www.anvisa.gov.br).

## Para saber mais sobre segurança dos alimentos

Nenhum segmento pode dispensar os cuidados e as regras de segurança na manipulação de alimentos. Para saber mais sobre o assunto, recomendamos algumas publicações editadas pelo Senac:

***Segurança na manipulação dos alimentos: missão (super)possível*** (Senac Editoras, 2012) é uma história em quadrinhos divertida que esclarece os cuidados para evitar contaminação em serviços de alimentação.

***Alimentação e nutrição: cozinha saudável, cardápio equilibrado, alimentos seguros*** (Senac Editoras, 2012) traz noções básicas de nutrição e os valores dos controles de qualidade, segurança e higiene no processo de produção e manipulação dos alimentos.

***Boas Práticas na manipulação de alimentos*** (Senac Nacional, 2012), das autoras Luciane Pereira, Gleucia Carvalho e Andréa Nunes, explica de forma clara e objetiva os procedimentos adequados para a rotina de trabalho do manipulador de alimentos.

***Segurança de alimentos no comércio: atacado e varejo*** (Senac Nacional, 2011), das especialistas Brigitte Bertin e Fátima Cristina Mendes, trata da implementação das Boas Práticas em segurança de alimentos nos estabelecimentos comerciais. É um livro técnico, com 240 páginas. Nele você se informa sobre os perigos de contaminação e das principais doenças de origem alimentar, além de conhecer modelos de documentos de controle e registro.

## LIMPAR E ORGANIZAR O AMBIENTE

A limpeza e a organização do ambiente de trabalho são tarefas que garantem a segurança na manipulação dos alimentos, tanto em lanchonetes quanto em quiosques ou barraquinhas.

Mais ou menos trabalhosa, dependendo do tamanho do ambiente, a limpeza precisa ser diária em cozinhas e, no caso de barraquinhas de rua, deve ser feita com frequência, para que os espaços de servir e de acondicionamento dos produtos fiquem com boa aparência o tempo todo.

Apresentamos algumas dicas de limpeza. Recomendamos que você distribua as tarefas mais pesadas da cozinha ao longo da semana.

### Dicas de limpeza

#### Teto e paredes

- Comece a limpeza sempre de cima para baixo, ou seja, do teto para o piso. Assim você não suja o que já limpou antes.
- Limpe esses cantos das paredes de tempos em tempos (ou sempre que necessário) com pano limpo enrolado numa vassoura, por exemplo.
- Uma receita simples e econômica para retirar manchas das paredes é misturar, em partes iguais, vinagre e água morna e aplicar sobre as manchas. Depois é só esfregar com um pano.

#### Armários

- O vinagre é um ótimo desinfetante e neutralizante de odores. Além disso, ele não oferece riscos à saúde como outros produtos químicos. Use a mesma solução de vinagre indicada aqui para limpar os armários da cozinha e as prateleiras do estoque.
- Para evitar umidade no armário, deixe lá dentro alguns pedaços de giz ou pedaços de carvão vegetal. Isso vai tirar a umidade do ar e evitar o mofo.

#### Piso

- Mantenha o piso da cozinha sempre bem seco e limpo para evitar acidentes.
- Não levante poeira na cozinha. Varrer o piso seco contamina com poeira os alimentos, equipamentos e utensílios. A limpeza deve ser feita com esfregão ou pano úmido.
- Não misture panos de chão com panos de prato. Separe os panos de uso exclusivo da cozinha durante a lavagem e, quando for guardá-los, escolha um local diferente.
- Os ralos devem ser limpos sempre que o piso da cozinha for lavado. Jogue água quente depois de limpá-los – este procedimento evita mau cheiro e acúmulo de sujeira.

## Pragas e insetos não combinam com alimentos

- Mantenha o ambiente de trabalho sempre limpo. Sujeira atrai pragas e insetos.
- Coloque telas milimetradas nas janelas do estoque para evitar a entrada de pragas e insetos. As telas devem ser removíveis para facilitar o processo de higienização.
- Atenção aos buracos e às rachaduras dos rodapés e paredes – eles devem ser tapados. Os pequenos espaços são convites para roedores, insetos e seus ninhos.
- Guarde os carrinhos arrumados e devidamente higienizados em locais limpos, secos e arejados. Mas não esqueça que o carrinho só pode ser guardado depois de limpo!
- É comum a aparição de carunchos em produtos estocados por muito tempo. Por isso, analise bem o alimento quando recebê-lo e antes de prepará-lo, para evitar o cozimento de produtos infectados.
- Ralos do tipo abre-e-fecha evitam a entrada de pragas pelo encanamento. E não esqueça: a higienização de ralos deve ser diária.
- A dedetização da cozinha deve ser feita sempre que necessário. As prefeituras oferecem serviços de desratização gratuitos.
- Não deixe alimentos armazenados no interior das barraquinhas e carrinhos. Eles podem atrair pragas e insetos.

### Estoque

- Use a técnica de limpeza para pisos e paredes, ou seja, de cima para baixo: primeiro teto, luminárias, paredes e janelas, depois armários e prateleiras. Por último, o piso.
- Desocupe uma prateleira de cada vez (comece da mais alta para a mais baixa), higienizando cada uma por baixo e por cima.
- Limpe as embalagens dos produtos antes de recolocá-los em seus lugares.
- Se o estoque estiver em um armário, mantenha as prateleiras limpas a cada semana. Aproveite para checar a validade dos produtos e mantê-los organizados com a técnica PEPS.

### Equipamentos

- Desligue o aparelho da tomada antes de iniciar o desmonte das peças de encaixe.
- Se necessário, use escovinhas para levantar a sujeira de entradas de difícil acesso.

- Limpe os equipamentos após o uso ou no final do dia.
- Lave as peças separadamente com água, esponja e detergente neutro. No caso de peças engorduradas, use água morna para facilitar a limpeza.
- Deixe as peças limpas secarem naturalmente. Não use pano seco no final.
- Nos equipamentos com motor, lembre-se de que o motor não pode ser molhado. Use apenas um pano limpo e umedecido com detergente, esfregando até que tenha saído toda a sujeira. Por fim, passe um pano umedecido limpo para retirar o sabão.

### Geladeira

- Com a geladeira desligada e descongelada (se o modelo exigir descongelamento), retire as prateleiras e gavetas para serem lavadas separadamente com sabão neutro, esponja macia e água.
- Nunca use palha de aço ou materiais abrasivos que possam danificar o equipamento. Produtos com cheiro, como água sanitária ou outros produtos químicos, não devem ser aplicados porque podem contaminar os alimentos.
- Para retirar por completo o odor da geladeira, é recomendado aplicar uma solução de bicarbonato e água (1 colher de sopa para 2 litros de água morna). Seque com pano bem limpo e macio que não deixe fiapos.
- As prateleiras e gavetas só retornam quando já estiverem limpas e secas.
- Ao final, é preciso limpar a grelha metálica que fica aquecida na parte traseira da geladeira, o condensador. Com uma escovinha retire toda a poeira e impurezas acumuladas. A grelha deve permanecer livre, sem qualquer objeto impedindo a ventilação e o bom funcionamento do motor.
- Para limpar a parte externa da geladeira, passe um pano úmido e, se necessário, use sabão neutro.

### Fogão

- Limpe o fogão todo dia.
- Para limpá-lo por fora, use apenas um pano úmido e sabão neutro. Caso o fogão seja em aço inox, limpe-o com água morna e o desengordurante adequado.
- Conforme a necessidade, faça uma limpeza mais profunda, observando o estado dos queimadores e dos cachimbos. Para limpá-los, deixe-os de molho em uma bacia com água morna. Se for necessário, afervente-os para soltar toda a gordura acumulada. Depois do molho, lave as peças com escova.

- Nunca utilize produtos de limpeza abrasivos, pois podem retirar a proteção antiferrugem e danificar as peças do fogão.
- Observe também a necessidade de troca da mangueira de gás (a validade é de cinco anos).
- De tempos em tempos, faça uma revisão do equipamento com empresa autorizada.

### Forno

- Deixe o forno levemente aquecido para amolecer a gordura, isso facilitará a limpeza.
- Com a chama apagada, retire com cuidado o excesso de gordura com um pano úmido ou com uma esponja. Use a parte macia da esponja e nunca use facas ou materiais abrasivos, pois eles estragam o forno.
- Com o forno já frio, termine de limpar com uma esponja macia usando um desengordurante apropriado.
- Finalize passando pano úmido limpo e depois pano seco limpo.

### Utensílios

- Lave os utensílios com detergente neutro. Retire toda espuma em água corrente. Enxágue com água fervente.
- Use sempre o escorredor de louça e nunca use panos de prato para secar os utensílios. Só os guarde depois de limpos e totalmente secos.
- Para tirar o amarelado das peças plásticas ou acrílicas (copos, potes, espátulas, colheres etc.), deixe-as em imersão por algumas horas numa solução de bicarbonato de sódio dissolvido com água (uma medida de bicarbonato para quatro de água). Ao notar a diferença de cor, retire as peças da solução e lave-as com detergente neutro e esponja macia. Enxágue-as bem. Ponha para secar no escorredor e guarde quando estiverem bem secas.
- Recipientes plásticos e de metal que já estiverem muito usados e com ranhuras devem ser substituídos por novos. As ranhuras são espaços de proliferação de bactérias que contaminam os alimentos.

### Chapa e grelha

- Limpe a chapa e a grelha após o preparo de cada pedido, a fim de retirar os restos da preparação. Para isso, raspe a chapa ou a grelha com uma espátula. Se necessário, passe um papel toalha para retirar o excesso de restos de alimentos.
- Faça uma limpeza mais demorada e cuidadosa antes de abrir e de fechar o estabelecimento. Quando há mais de um turno de trabalho, antes de deixar seu posto, o chapista deve fazer a limpeza completa dos equipamentos.

*Desligue a chapa/grelha da eletricidade. Com a chapa/grelha ainda morna, passe a espátula para retirar os resíduos acumulados.*

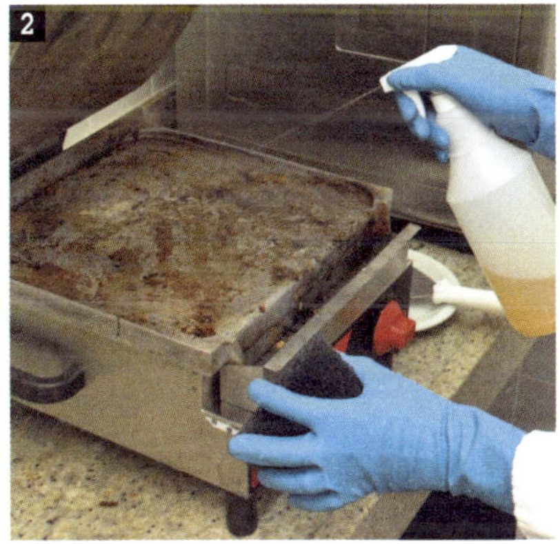


*Aplique um produto desengordurante e esfregue a chapa/grelha com uma esponja sintética.*

*Lave a chapa/grelha com água e detergente neutro com o auxílio da esponja sintética.*

*Enxágue para retirar o sabão.*

*Deixe secar ao natural.*

## Panos de prato são fonte de contaminação

Basta que o alimento entre em contato com louças, talheres ou equipamentos (como liquidificador, cortador de frios etc.) que foram enxutos com o pano de prato. Pronto, é contaminação na certa! Bactérias e fungos se multiplicam nos panos de prato, portanto, prefira papel toalha ou deixe a louça secar naturalmente.

## Barraquinhas ou carrinhos ambulantes

Esses ambientes de trabalho e de serviço de lanches exigem um cuidado redobrado, pois estão expostos a muitos tipos de contaminantes e de sujeiras. Durante todo o dia barracas e carrinhos ficam expostos à poluição, sem contar os insetos e roedores que vivem nas ruas. Se o carrinho não fica abrigado em alguma garagem, o perigo é ainda maior. Por isso a limpeza deve ser uma preocupação constante do profissional. Além dos procedimentos de higienização, é preciso manter a desinsetização em dia.

Durante o período de trabalho, a higienização das superfícies das barraquinhas e dos carrinhos deve ser sistemática, para mantê-los sempre limpos e com boa aparência.

## Desinfecção

Algumas bactérias não são removidas apenas com a limpeza; é preciso fazer a desinfecção de equipamentos, utensílios e superfícies (especialmente os usados com muita frequência) para reduzir as bactérias a níveis aceitáveis. Depois de limpar de acordo com as instruções aqui descritas, o material deve ser submetido à desinfecção. Veja as recomendações a seguir:

- Mergulhe a parte que deve ser desinfetada em uma solução clorada e a mantenha mergulhada durante dois minutos. Retire e aguarde 15 minutos antes de usar outra vez o item.
- Outra opção é borrifar a peça com a solução clorada. Do mesmo modo, é necessário aguardar 15 minutos antes de usá-la de novo.
- Após a desinfecção, os equipamentos e utensílios devem ser colocados em local limpo e seco, protegidos de poeira e insetos.
- A desinfecção também pode ser feita mergulhando os objetos por 5 minutos em água fervente. Materiais de plástico ficam fora da lista, pois podem derreter.
- Quanto às bancadas, elas devem ser borrifadas com a solução clorada. Aguarde 15 minutos e as enxágue para remover os resíduos de cloro. Deixe secar ao natural ou use papel toalha, se não puder esperar. Não use panos para secar as bancadas, pois são grande fonte de contaminação.

### Solução clorada

Em 1 litro de água, misture duas colheres de sopa de água sanitária (ou 200 ml de hipoclorito de sódio a 12% para cada 10 litros de água). Qualquer solução à base de cloro só pode ser usada em materiais feitos de aço inoxidável (não enferruja) e de plástico.

## Cuidados com o lixo: a coleta seletiva

É claro que cuidar do lixo garante a segurança na manipulação dos alimentos e ajuda a organizar o ambiente de trabalho. E é uma tarefa diária dos profissionais do lanche! No capítulo 3, no item "Cuidar dos resíduos" (p. 34-36), listamos algumas medidas preventivas contra contaminações pelo lixo. Você se lembra? Há um boxe especial com recomendações para os ambulantes também.

Separar o lixo da cozinha é uma prática simples e pode se tornar um hábito na vida de todos. Separar o material reciclável do não reciclável é o mínimo que podemos fazer pela conservação do meio ambiente. E isso está ao alcance do profissional do lanche.

Veja como é simples:

- Separe os resíduos orgânicos ou molhados (restos de comida, folhas e cascas de hortaliças e legumes descartados) dos resíduos inorgânicos (copos e sacos de plástico, embalagens de lata e de vidro).
- Coloque cada tipo de resíduo em sacos de lixo diferentes (cores diferentes, por exemplo). Deposite os sacos em lixeiras separadas: uma para os orgânicos e outra para os recicláveis.
- Procure sempre lavar e deixar escorrer as embalagens de plástico, vidro e metal antes de jogá-las fora. Este procedimento evita a aproximação de insetos e melhora o aproveitamento do material na reciclagem.

## COMO CALCULAR CUSTOS E PRECIFICAR PRODUTOS

Colocar preço nos produtos faz parte da rotina do profissional do lanche. Esta tarefa exige cálculos e muita atenção.

Antes de tudo, é preciso levar em conta que os consumidores decidem suas compras na maioria das vezes com base no preço. De modo geral, o comprador só levará um produto que justifique o seu valor, ou seja, que ele considere ter um preço justo e compatível com a qualidade esperada. Portanto, os cálculos devem ser feitos com cuidado.

Para precificar o produto, é necessário considerar custos diretos e indiretos de acordo com o tipo de serviço prestado:

CUSTOS DIRETOS – ***Variáveis, porque são específicos para cada produto.***

- Ingredientes: todos os ingredientes empregados, até as mínimas quantidades.
- Embalagens e transporte: item fundamental para evitar prejuízos com perda de produtos.
- Tempo de preparo em horas (mão de obra): todos os custos envolvidos com o pessoal, inclusive o tempo de preparo dos lanches.

Veja algumas dicas:

- Tempo: é preciso computar o tempo gasto para preparar o prato ou o lanche na quantidade determinada. A quantidade interfere diretamente no tempo gasto para sua produção.

- Mão de obra: quando se tem funcionários, é fácil. Basta calcular o valor da hora de um funcionário (não esquecer de computar os encargos e o repouso remunerado). Mas quando não há essa mão de obra fixa, como chegar a um valor? Nesses casos, a remuneração do tempo de trabalho deve ser incluída na margem, que é a diferença entre o custo e o preço de venda.

CUSTOS INDIRETOS – ***Fixos e devem ser rateados entre todos os produtos.***

- Água
- Gás
- Energia elétrica
- Aluguel
- Impostos
- Manutenção e desgaste dos equipamentos e utensílios (facas, panelas, grelhas, eletrodomésticos, assadeiras etc.)
- Manutenção, combustível e desgaste do automóvel ou meio usado para entregas

Veja este modelo de cálculo com atenção:

1. Calcule os custos diretos (variáveis) do produto, todos os ingredientes usados, as embalagens, transporte, tempo de preparo e a mão de obra contratada. Em seguida, divida esse valor pelo número de unidades preparadas do produto para ter o seu valor unitário.
2. Calcule os custos indiretos (fixos): some água, gás, energia elétrica, aluguel, impostos, mão de obra de ajudantes, manutenção e desgaste de equipamentos e utensílios, manutenção, combustível e desgaste do automóvel ou meio usado para entregas. Veja quanto gasta por mês.
3. O ideal é que a soma dos custos diretos e indiretos não ultrapasse 30% do seu faturamento.
4. A composição do preço em geral é feita da seguinte forma: 20% relativos a custo fixo + 5% de custo variável + 20% de margem = 45%. Esse é o percentual de custo de um preço. Partindo dessa conta, diminui-se de 100% o percentual de custo: 100% – 45% = 55%.
5. Para achar o coeficiente ideal (multiplicador), divida 100 por 55 = 1,81.
6. Esse será o multiplicador a ser aplicado sobre o custo total do produto. Por exemplo: se o custo de um sanduíche for R$ 3,00, multiplique 3,00 x 1,81 = 5,43. O preço mínimo ideal do produto é R$ 5,43. O passo seguinte é verificar se esse preço é compatível com o praticado pelo mercado (os concorrentes) e arredondá-lo em função disso: R$ 5,40 ou R$ 5,50

O profissional do lanche também pode organizar um fichário com suas receitas e seus respectivos custos, mantendo uma ficha sempre atualizada para cada produto, como a da página ao lado:

## Ambulante: trabalhe com metas!

Se por acaso faltar ingrediente, um conselho: nunca improvise, pois você pode colocar em risco a qualidade dos seus produtos ou descaracterizar as receitas ou ainda aumentar muito o seu custo. E programe-se para não perder clientes ou oportunidades de venda.

Uma boa dica para os ambulantes é estabelecer metas diárias de venda. Assim, pode-se testar o mercado e ajustar a produção. Outra dica é manter uma oferta de produtos enxuta, que não contenha muitos itens. Isso facilita a compra, o armazenamento, o treinamento de funcionários, bem como a manutenção do padrão de qualidade dos produtos.

| **Nome da receita** | | | **Porção** | **Valor** |
| --- | --- | --- | --- | --- |
| Qtd. bruta | Qtd. uso | Produto | Preço (R$) | R$ em uso |
| | | | | |
| | | | | |
| | | | | |
| | | | | |
| | | | | |
| | | | | |
| | | | | |
| | | | | |
| Total – 10 unidades | | | | |
| Total – 1 unidade | | | | |
| *Ingredientes diversos (determinar um percentual referente aos insumos que não são quantificados, por exemplo: sal, condimentos etc.) | | | | 5% a 20% |
| **Custos indiretos (determinar um percentual referente ao custo com gás, luz, água etc.) | | | | 20% a 30% |
| Preço de custo para 1 unidade | | | | |

*Ingredientes diversos: em geral, variam de 5% a 20%. Pode-se colocar 20% e incluir aqui gastos com produtos de limpeza e material descartável. **Custos indiretos: variam de acordo com a produção e com os preços de custo. Considerando que estamos falando de produtos que terão um preço de custo baixo, podemos trabalhar com uma média de 20% a 30%.

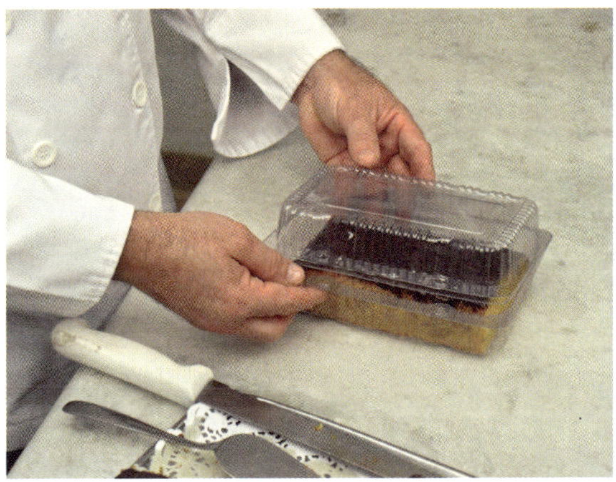

# Pré-preparo e preparo dos lanches

*Muitos começaram no ramo de lanches* oferecendo seus produtos para as pessoas mais próximas, a parentes, amigos ou colegas de trabalho. E o boca a boca ia criando o empreendimento que, de repente, tornava-se realidade sem muito planejamento.

Para abrir um negócio e conquistar a clientela, a primeira recomendação dos especialistas é planejar. Depois, manter a excelência do serviço e buscar o aprimoramento contínuo de todos os que trabalham na equipe. Fazer cursos de gastronomia, participar de feiras especializadas, estudar a concorrência, acompanhar as tendências de mercado são recomendações que aparecem nos manuais de empreendedorismo. Além da qualidade do produto e sua apresentação, é fundamental aliar um atendimento diferenciado (assuntos tratados no terceiro capítulo deste livro).

Aqui, vamos dar as fichas técnicas de receitas e dicas sobre o pré-preparo e o preparo de lanches – salgados, doces e bebidas. No grupo dos salgados: sanduíches, salgados fritos e assados mais conhecidos. No grupo dos doces: bolos, tortas e docinhos (desses vendidos por unidade). No grupo das bebidas: sucos, vitaminas e milkshakes.

Há muita informação neste capítulo, portanto, uma boa estratégia de aprendizagem é sempre consultar os conteúdos em caso de dúvida. Leia e releia os itens até incorporar à sua rotina os procedimentos de pré-preparo e preparo dos lanches.

# SALGADOS

## Sanduíches

Duas fatias de pão com recheio no meio... O sanduíche é simples assim! Mas quantos tipos de lanche podemos criar com base nessa fórmula tão modesta? Muitos, e a criatividade é o limite.

Sanduíche é um lanche prático e pode ser bem nutritivo. Aliás, substitui uma refeição quando é feito com ingredientes substanciosos. Lancheiros e vendedores ambulantes podem ainda criar suas próprias receitas e dar nomes os mais extravagantes para atrair a clientela. Nesse caso, o importante é saber harmonizar sabores. Que tal dar um toque diferente em sanduíches preparados com carnes assadas e fatiadas, como pernil de porco, peito de peru, carne assada de panela, e oferecer com queijo derretido ou com picles (conserva de legumes em vinagre e condimentos)?

E como é verdade que comemos também com os olhos, o profissional do lanche deve se ocupar da apresentação do sanduíche quer seja servido no prato ou embalado para viagem. Quando há acompanhamentos, é preciso aproveitar as cores e texturas e fazer uma apresentação que agrade aos olhos do cliente. Se não há acompanhamentos, o prato pode ser decorado com temperos, ervas aromáticas ou desenhos feitos com molhos. Se sua lanchonete for "do tipo moderninha ou contemporânea", esse serviço caprichado ganha em qualidade. Além disso, a apresentação cuidadosa e criativa aumenta o apetite do cliente.

Vamos registrar os sanduíches clássicos, indicando sua ficha técnica, explicando o pré-preparo necessário para cada um deles e dando algumas dicas para facilitar o preparo ou criar um diferencial para o lanche. Não podemos esquecer que alguns sanduíches têm versões diferentes, certo? O bauru, por exemplo, pode ser feito com rosbife ou presunto, e a receita tradicional criada na cidade de São Paulo, nos idos de 1933, no Bar Ponto Chic, tem fatias de rosbife, tomate e pepino em conserva, além da mistura especial de queijos derretidos.

E o que dizer dos tipos de pão?

Um bom sanduíche começa com a escolha do pão, que deve combinar com o recheio. Se o profissional quiser inovar ou fugir dos tradicionais pão francês e pão de fôrma, as opções são apetitosas e muito variadas.

Mas preste atenção em dois detalhes: primeiro, o pão deve ser proporcional ao tamanho do recheio, especialmente ao da proteína. Segundo, alguns pães são mais caros que outros, então é preciso verificar os custos e colocar tudo na ponta do lápis para precificar de modo correto e não perder dinheiro. Eis os tipos mais conhecidos!

## Quantos tipos de pão você conhece?

1. Pão de fôrma integral
2. Ciabata
3. Pão árabe
4. Pão de fôrma
5. Focaccia
6. Baguete com gergelim
7. Pão de cachorro-quente
8. Pão australiano
9. Pão de queijo
10. Bisnaguinha
11. Pão preto
12. Baguete com provolone
13. Pão francês
14. Brioche
15. Pão de batata
16. Croissant
17. Chipa
18. Pãozinho com provolone
19. Pão de hambúrguer

## Americano

Duas ou três fatias de pão de sanduíche/pão de fôrma intercaladas com fatias de queijo, presunto, ovo frito, alface, tomate e maionese. O sanduíche americano, em geral, é servido frio. As fatias de pão intercalam os recheios. Deixe o ovo sozinho entre uma fatia de pão e outra para não umedecer os demais ingredientes.

### Ingredientes

3 fatias de pão de fôrma torradas crocantes
2 fatias de queijo
2 fatias de presunto
1 folha de alface
2 rodelas de tomate
maionese industrializada
1 ovo estrelado

### Pré-preparo

- A folha de alface e o tomate já devem estar higienizados, assim como o presunto e o queijo, cortados.

### Modo de preparar

Enquanto as fatias de pão são torradas, frite o ovo na chapa ou na frigideira com um fio de óleo. Passe a maionese no pão e monte as camadas intercaladas: pão, maionese, alface, tomate, queijo e presunto. Acomode o ovo sobre o presunto e cubra com a outra fatia de pão também com maionese. Feche o sanduíche e sirva no centro do prato, cortado em quatro partes.

### Dicas

- Você pode incluir e/ou substituir ingredientes: incluir bacon frito, por exemplo; variar os frios e a verdura, substituindo o presunto por fatias de peito de peru defumado ou filé de frango grelhado; e a alface por rúcula.
- Atenção na higienização da alface e do tomate.
- Um bom acompanhamento são batatinhas chips.

***Como fazer ovo estrelado na chapa***

Espalhe óleo ou manteiga sobre a chapa. Descasque o ovo em um recipiente à parte. Coloque um aro metálico untando com óleo ou manteiga sobre a chapa e transfira o ovo para dentro do aro. Salgue apenas a clara porque o sal rompe a gema. Quando a clara começar a coagular, retire o aro e vire o ovo com uma espátula para fritar do outro lado.

### *Manteiga ou margarina?*

Embora a manteiga seja mais saudável, a margarina tem um preço mais atraente e maior durabilidade. Dietas com restrição alimentar exigem o uso moderado e cuidadoso dessas gorduras.

## Bauru

Duas fatias de pão de fôrma com fatias de queijo, presunto e fatias finas de tomate fresco. Esta é a receita original.

### Ingredientes

2 fatias de pão de fôrma
2 fatias de queijo
1 fatia de presunto
3 a 4 fatias finas de tomate
manteiga

### Pré-preparo

- O queijo e o presunto devem ser fatiados previamente; o tomate, higienizado.

### Modo de preparar

Passe com delicadeza uma fina porção de manteiga sobre as fatias de pão e leve-as para dourar na chapa já aquecida. Intercale as fatias de pão com queijo, presunto e sobre ele distribua as fatias de tomate. O sanduíche estará pronto quando o pão estiver dourado e o queijo derretido.

### Dica

- Você pode diferenciar seu sanduíche usando três fatias de pão e quatro fatias de queijo e duas de presunto. Ele ficará mais bem apresentado e apetitoso. Claro que o preço será calculado de acordo com o custo.

*Não esqueça de usar luvas para montar os sanduíches.*

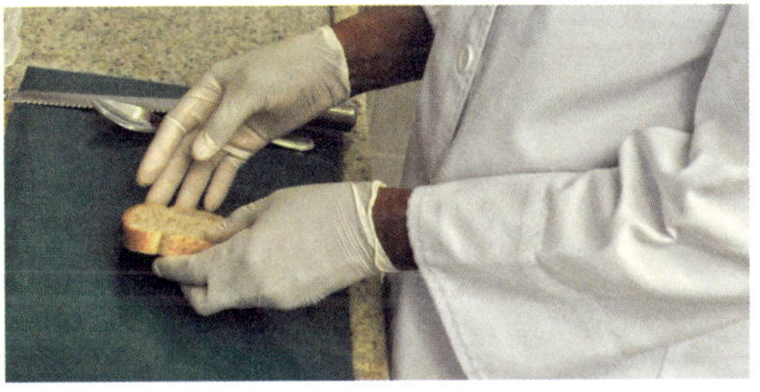

# Beirute

## Ingredientes

1 pão árabe ou pita
2 fatias grandes de queijo de minas
3 fatias de peito de peru
3 ou 4 fatias finas de tomate
folhas de alface
molho de mostarda, azeite e mel

## Pré-preparo

- As folhas e o tomate já devem estar higienizados, assim como o peito de peru e o queijo, fatiados.
- O molho deve estar preparado com mostarda, azeite e mel.

## Modo de preparar

Corte o pão árabe ao meio no sentido longitudinal e descole delicadamente o centro. Monte o sanduíche nesta ordem: as fatias de queijo, as de tomate, a alface, o molho sobre a alface, as fatias de peito de peru.

## Dicas

- Você pode substituir o peito de peru por presunto ou outro tipo de embutido, como lombinho, blanquete ou rosbife.
- Pode incluir tomate e colocar duas fatias sobre a alface. O tomate fresco pode ser substituído por tomate seco em conserva.
- Sirva sobre um prato, cortando o sanduíche ao meio. Separe um pouco as duas partes para mostrar o recheio.
- Se for servido em saquinho de papel ou guardanapo, não corte o sanduíche e coloque a parte fechada voltada para dentro.

1

2

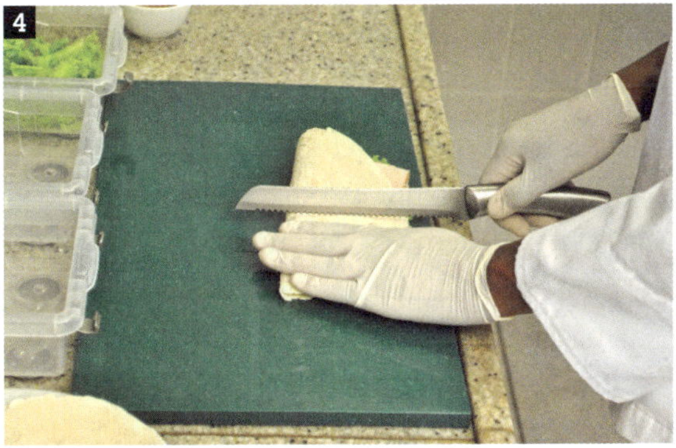

## *Segurança dos alimentos: limpeza e desinfecção das folhas*

Para evitar contaminação, as folhas precisam ser lavadas e desinfetadas. Siga estas regras básicas:

1. Lave as folhas uma a uma sob água corrente. Economize água não deixando a torneira aberta demais.
2. Mergulhe as folhas em um recipiente com água fria suficiente para cobri-las. Acrescente um sanitizante próprio para alimentos e deixe as folhas de molho de 15 a 20 minutos. Existem produtos químicos próprios para a desinfecção – leia com atenção o rótulo do produto para verificar o modo de usá-lo e o tempo de imersão das folhas. Outras boas opções são suco de limão ou vinagre: 1 colher de sopa para cada litro de água.
3. Para terminar, transfira para uma centrífuga de vegetais e seque bem. Caso não tenha uma centrífuga, coloque as folhas em pé, uma ao lado da outra, em um recipiente. Naturalmente a água escorrerá para o fundo.

## Cachorro-quente

Pão de cachorro-quente recheado com salsicha. Além dos clássicos condimentos – mostarda, catchup e maionese –, os acompanhamentos mais comuns são: milho debulhado, ervilha, queijo parmesão ralado grosso e batata palha.

### Ingredientes

1 salsicha
Acompanhamentos diversos

### Pré-preparo

- Se o acompanhamento incluir salada, as folhas devem estar higienizadas, secas e acondicionadas em um recipiente tampado.
- O molho de tomate é preparado com antecedência. Mas, cuidado: molhos com tomate natural, cru, azedam com muita rapidez. Guarde o molho na geladeira em recipiente adequado e só coloque na panela o necessário para aquecer e servir com as salsichas.
- Para o vendedor ambulante, o ideal é ter uma boa quantidade de pães já cortados ao meio, no sentido do comprimento, para facilitar a montagem do sanduíche. O pão pode ser previamente acondicionado em saquinhos individuais.

### Modo de preparar

Se o pão já estiver cortado e acondicionado em saquinho de papel, basta colocar a salsicha no meio do pão e decorar o sanduíche com os acompanhamentos e condimentos escolhidos pelo cliente. Procure ser criativo e distribua os recheios de modo que o cachorro-quente fique bem montado e bonito. Veja o passo a passo ao lado.

### Dicas

- A salsicha pode ser oferecida de duas maneiras: aquecida no molho de tomate ou aquecida apenas em água temperada com sal.
- O purê de batatas pode servir como base para os demais recheios – espalhe uma fina camada de purê nas duas fatias de pão.
- Os acompanhamentos frescos ou naturais podem ser acondicionados em recipientes tampados e de fácil acesso. Recomenda-se evitar o molho do tipo à campanha, porque tomate, pimentão, cebola e temperos verdes (temperados com azeite, sal e pimenta) fermentam com rapidez quando expostos à temperatura inadequada.

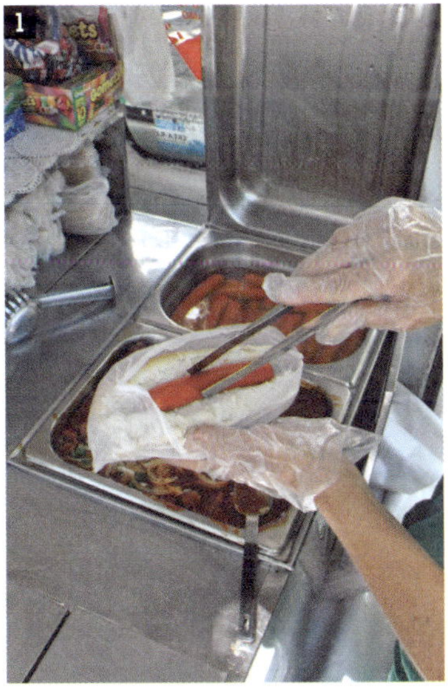
1

2

3

4

5

# Cheeseburguer

Pão de hambúrguer recheado com hambúrguer de carne bovina grelhada e fatias de queijo.

## Ingredientes

1 pão tipo hambúrguer aberto ao meio
1 hambúrguer de carne bovina
2 fatias de queijo
maionese (opcional)

## Pré-preparo

- O queijo deve ser fatiado previamente.
- O hambúrguer deve estar temperado, moldado, bem acondicionado e mantido sob refrigeração.

## Modo de preparar

Na chapa quente, grelhe o hambúrguer com um fio de óleo. Assim que o primeiro lado do hambúrguer estiver grelhado, vire-o com uma espátula e acomode sobre ele as fatias de queijo. Com o calor, o queijo vai derreter. Enquanto isso, aqueça o pão aberto sobre a grelha com a parte do miolo virada para baixo. Retire o pão da grelha quando estiver aquecido e distribua uma fina camada de maionese nas duas partes, acomode o hambúrguer dentro do pão e sirva imediatamente. Ofereça maionese, catchup e mostarda como condimentos.

## Dica

- Você pode variar o sanduíche oferecendo hambúrguer de carne de frango ou de peru.

### *A família Burguer*

Os hambúrgueres de carne bovina, de frango, de peru, de soja, de quinoa com cogumelos etc. possibilitam uma boa variedade de sanduíches. O modo de preparar é similar, mudam poucos ingredientes – e o sabor, é claro!

**Cheese Egg:** pão de hambúrguer recheado com hambúrguer de carne bovina grelhada, 2 fatias de queijo e 1 ovo estrelado.

**Cheese Salada:** pão de hambúrguer recheado com hambúrguer de carne bovina grelhada, 2 fatias de queijo, 2 fatias finas de tomate natural e folhas de alface. Milho e ervilha em conserva podem complementar o recheio.

**Cheese Bacon:** pão de hambúrguer recheado com hambúrguer de carne bovina grelhada, 2 fatias de queijo e 3 fatias de bacon. Se adicionar salada, tem-se o "cheese bacon salada".

# Cheese frango

Pão de hambúrguer recheado com um filé de peito de frango grelhado e fatias de queijo. Pode ser servido com salada.

## Ingredientes

1 pão tipo hambúrguer aberto ao meio
1 filé de peito de frango
2 fatias de queijo
maionese (opcional)
folhas de alface (opcional)
tomate fatiado (opcional)

## Pré-preparo

- As folhas e o tomate já devem estar higienizados, assim como o queijo, fatiado.
- O filé de frango deve estar temperado e mantido sob refrigeração bem acondicionado.

## Modo de preparar

Na chapa quente, grelhe o filé de frango com um fio de óleo. Assim que o primeiro lado do frango estiver grelhado, vire-o com uma pinça e acomode sobre ele as fatias de queijo. Com o calor, elas vão derreter. Aqueça o pão aberto sobre a grelha com a parte do miolo virada para baixo. Distribua uma fina camada de maionese sobre o pão, acomode a alface e o tomate sobre a primeira camada de pão e, sobre eles, o filé de frango com o queijo virado para cima. Feche o sanduíche e sirva imediatamente. Ofereça maionese, catchup e mostarda como condimentos.

### *Para obter um bom grelhado*

- Não vire os filés muitas vezes, pois o calor se dispersará, comprometendo o sabor e a qualidade do grelhado.
- Use pinças para virar a peça, e não garfos.
- Nunca fure a ave ou a carne. Os furos abrem caminho para que os sucos se percam, tornando a preparação seca e dura.

## Cheese mignon

Pão de hambúrguer recheado com um bife de filé--mignon grelhado e fatias de queijo. Pode ser servido com salada.

### Ingredientes

1 pão tipo hambúrguer aberto ao meio
1 bife de filé-mignon
2 fatias de queijo
maionese (opcional)
folhas de alface
tomate fatiado

### Pré-preparo

- As folhas de alface e o tomate já devem estar higienizados, assim como o queijo, fatiado.
- O filé-mignon deve estar temperado e mantido sob refrigeração bem acondicionado.

### Modo de preparar

Na chapa quente, grelhe o filé com um fio de óleo. Assim que o primeiro lado do filé estiver grelhado, vire-o com uma pinça e acomode sobre ele as fatias de queijo. Com o calor, elas vão derreter. Enquanto isso, aqueça o pão aberto sobre a grelha com a parte do miolo virada para baixo. Distribua uma fina camada de maionese sobre o pão, acomode a alface e o tomate e, sobre eles, o filé com o queijo virado para cima. Feche o sanduíche e sirva imediatamente. Ofereça maionese, catchup e mostarda como condimentos.

### *Pontos de cozimento da carne*

**Malpassada:** para ver o ponto da carne, grelhe dos dois lados e pressione seu centro com a ponta da pinça. Se não oferecer resistência, ou seja, se estiver macia, a carne está malpassada. A carne malpassada é vermelha e sangrenta por dentro.
**Ao ponto:** depois de grelhar a carne dos dois lados, pressione seu centro com a ponta da pinça. Se oferecer uma leve resistência ao toque, a carne está ao ponto. A carne ao ponto é rosada por dentro.
**Bem passada:** depois de grelhar a carne dos dois lados, pressione seu centro com a ponta da pinça. Se oferecer resistência ao toque, a carne está cozida, ou seja, bem passada. A carne bem passada é cinzenta por dentro. Não custa lembrar que carne suína deve ser servida sempre bem passada para evitar contaminação alimentar.

# Croque-monsieur

Este sanduíche é mais trabalhoso, indicado para uma lanchonete em que o serviço seja mais sofisticado. É um sanduíche típico da França.

## Ingredientes

2 fatias de pão de fôrma
1 ovo batido
4 colheres de sopa de creme de leite fresco
50 g de queijo do tipo ementhal ou gruyère ralado grosso
1 fatia de presunto cozido
sal e pimenta-do-reino moída na hora

## Pré-preparo

- Bata o ovo previamente.
- O presunto deve estar fatiado e o queijo, ralado.

## Modo de preparar

Em uma tigela, misture o ovo batido com o creme de leite e tempere com sal e pimenta. Acomode uma fatia de pão sobre uma assadeira untada com óleo ou manteiga e distribua metade do creme sobre ela. Coloque a metade do queijo ralado sobre o creme e, depois, o presunto. Sobreponha a outra fatia de pão e repita a mesma operação com o creme e o queijo. Leve o sanduíche para gratinar em forno preaquecido a 250°C. Estará pronto quando a cobertura e a parte de baixo estiverem douradas, levemente tostadas. Sirva em seguida.

## Dicas

- Este sanduíche fica mais saboroso se for feito com fatias de pão do tipo brioche. Você também pode variar com fatias de pão do tipo italiano.
- Servir o croque-monsieur com salada verde é praticamente uma refeição.
- A receita croque-madame é a mesma, com o acréscimo de um ovo frito sobre o sanduíche.

## Misto-frio e Misto-quente

Duas ou três fatias de pão de fôrma intercaladas com fatias de queijo e de presunto. Se aquecido na chapa, é chamado de misto-quente.

### Ingredientes

2 fatias de pão de fôrma
2 fatias de queijo
1 fatia de presunto
Manteiga

### Pré-preparo

- O queijo e o presunto devem ser fatiados com antecedência.

### Modo de preparar

**Misto-frio** – Passe com delicadeza uma fina porção de manteiga sobre as fatias de pão. Intercale as fatias de pão com queijo, presunto e queijo.

**Misto-quente** – Coloque o misto-frio sobre a chapa aquecida. O sanduíche estará pronto quando o pão estiver dourado e o queijo, derretido. O tipo de pão pode variar conforme o gosto do cliente.

*Não esqueça de usar luvas para montar os sanduíches.*

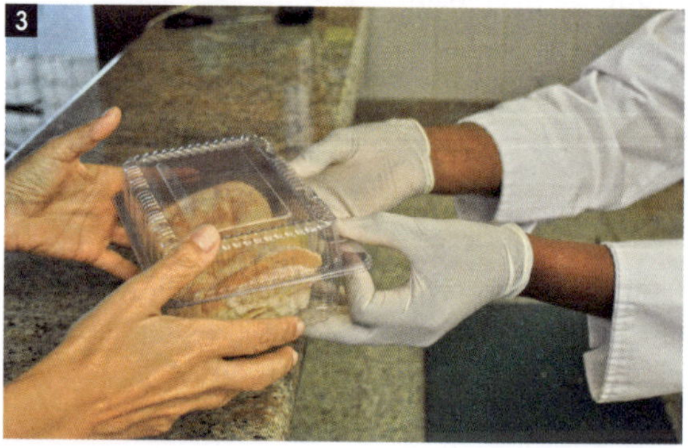

## Natural de frango

### Ingredientes

2 ou 3 fatias de pão integral
peito de frango cozido e desfiado
sal, pimenta, cebola, alho, louro
maionese

### Pré-preparo

- Cozinhe o peito de frango com pouca água e temperos (sal, pimenta, cebola, alho e louro) para ir cozinhando e dourando ao mesmo tempo.
- Desfie o frango depois de frio.

### Modo de preparar

Depois que a carne de frango estiver desfiada, acrescente maionese e mexa até chegar à consistência de pasta. Corrija o sal. Recheie as fatias de pão, que deverão estar levemente torradas e aquecidas.

### Dica

- Junte, à pasta de frango, alcaparras, tomate picado, ervilhas, milho em conserva ou tomate picado.

### *Sanduíches naturais*

Em geral servidos com pão de massa integral, os sanduíches ditos naturais são recheados com preparações pouco gordurosas e ingredientes frescos.

As opções de recheios são tantas quanto a criatividade do profissional permitir. Seguem aqui algumas ideias:

- pasta de queijo cremoso branco e legumes frescos ralados ou cortados em fatias finas – cenoura, pepino, beterraba, tomates, alface, berinjela e abobrinha grelhadas;
- pasta de ovo cozido;
- pasta de frango (peito de frango cozido, desfiado e temperado com maionese light ou iogurte, sal, mostarda e ervas);
- salmão marinado com queijo cremoso;
- pasta de atum em conserva com picles e maionese light.

O pré-preparo e a conservação dos sanduíches naturais requerem atenção. A higienização de legumes e verduras deve seguir à risca as normas de segurança dos alimentos, assim como as de conservação, pois os ingredientes frescos são muito sensíveis à contaminação.

## Natural de atum

### Ingredientes

2 ou 3 fatias de pão integral

1 lata de atum cozido e ralado (em conserva)

sal, pimenta, cebola ralada, ervas frescas picadas

maionese light

1 colher de sopa de pepino em conserva (opcional)

### Pré-preparo

- Escorra o atum, retirando o excesso de água e óleo.

### Modo de preparar

Depois que o atum estiver escorrido (para retirar o excesso de água e óleo), acrescente a maionese, amassando o atum até deixá-lo em consistência de pasta. Corrija o sal. Recheie as fatias de pão que já deverão estar levemente torradas e aquecidas.

### Dica

- Você pode incrementar este sanduíche juntando à pasta de atum algumas alcaparras ou tomate picado com cebolinhas em conserva picadas ou fatias de tomate.

## Pão com linguiça

Apesar de ter preparação simples, este sanduíche popular pode ser incrementado com deliciosos molhos e acompanhamentos.

### Ingredientes

1 pão do tipo francês

1 linguiça (calabresa, de preferência)

### Pré-preparo

- Corte o pão.

### Modo de preparar

Grelhe a linguiça na chapa. Quando estiver quase pronta, aqueça o pão com a parte do miolo para baixo. Recheie o pão com a linguiça grelhada e sirva imediatamente. Ofereça mostarda e catchup como acompanhamento.

### Dicas

- Não fure a linguiça para que ela não perca suco e nem a deixe muito tostada.
- Pão com linguiça fica muito saboroso com molho à campanha ou ainda com fatias de queijo sobre a linguiça enquanto ela é grelhada.

## Queijo quente

Duas fatias de pão de fôrma ou de hambúrguer recheadas com duas ou três fatias de queijo prato. O sanduíche é aquecido na chapa.

### Ingredientes

2 fatias de pão de fôrma
3 fatias de queijo
manteiga ou margarina

### Pré-preparo

- O queijo deve estar fatiado.

### Modo de preparar

Passe com delicadeza uma fina porção de manteiga ou margarina sobre as fatias de pão. Intercale as fatias de pão com o queijo fatiado. Aqueça na chapa até o queijo derreter e o pão tostar.

### Dicas

- Este sanduíche pode ser servido frio, o chamado queijo frio.
- Fatie banana no sentido do comprimento, polvilhe canela sobre a fatia de queijo e aqueça. Fica um delicioso queijo quente com banana.

## Vegetariano

### Ingredientes

2 ou 3 fatias de pão de fôrma integral
40 g de ricota (2 colheres de sopa)
30 g de espinafre
30 g de cenoura ralada
1 dente de alho picado
maionese light
azeite para refogar

### Pré-preparo

- Amasse a ricota com um garfo.
- Refogue o espinafre no alho e azeite.
- Rale a cenoura bem fininha.

### Modo de preparar

Misture a ricota com o espinafre e acrescente a maionese até formar uma massa cremosa. Passe uma generosa porção dessa pasta de ricota na primeira fatia de pão e por cima coloque uma camada de cenoura ralada. Se preferir, coloque mais uma fatia de pão e outra camada de pasta de ricota. Veja a montagem ao lado.

### Dica

- Este recheio pode ser enriquecido com nozes ou uvas-passas.

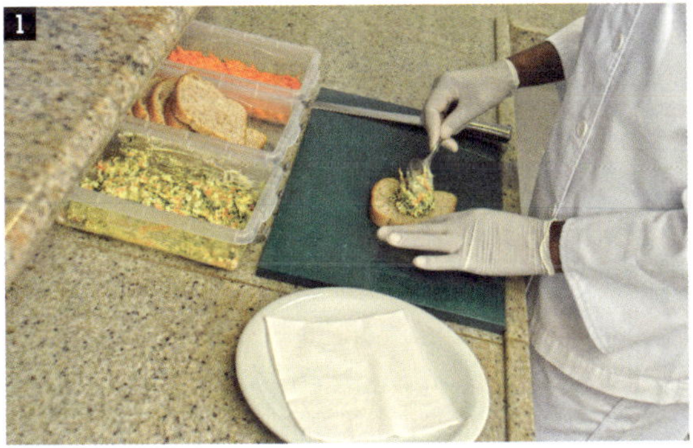

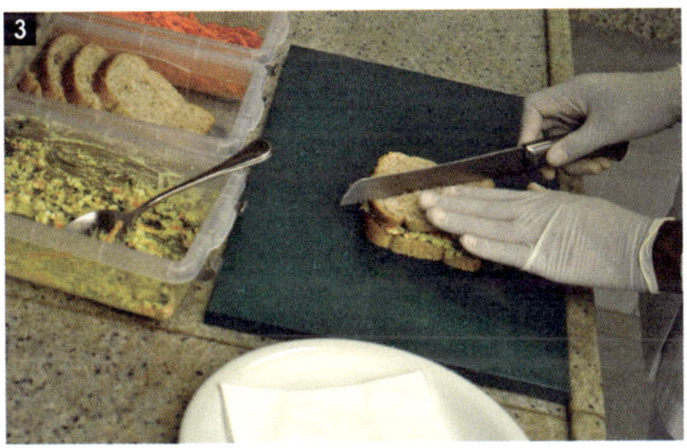

### *Cuidado com a contaminação alimentar*

Para evitar as contaminações mais comuns no segmento dos lanches, use apenas maionese industrializada. O molho vinagrete deve ser feito de duas a três vezes ao dia, sobretudo no verão, pois azeda com muita rapidez. Sirva mostarda, maionese e catchup em sachê, nunca em bisnaga.

## Salgados fritos

Na venda de salgadinhos prontos, encontramos duas situações: venda direta por ambulantes ou venda por encomenda. No primeiro caso, o profissional terá mais sucesso se os salgados forem assados, pois resistem por mais tempo e com mais qualidade do que os fritos. Quem faz salgados por encomenda pode usar o congelamento como grande aliado (ver o boxe ao lado).

Já se o negócio for vender pastel frito na hora, além da barraquinha ou carrinho com fritadeira adaptada, é preciso um estoque de pastéis recheados, bem organizados em caixas plásticas, cobertos com filme plástico para que a massa não resseque.

É bom lembrar que a atenção à higiene na manipulação dos alimentos, a apresentação dos salgados e a forma de transportá-los são requisitos importantíssimos para a segurança e a qualidade do serviço prestado. Os clientes também esperam consumir o mesmo padrão de salgados, portanto, mantenha a ficha técnica de suas especialidades para preservar a qualidade de seu produto e deixe seu cliente sempre satisfeito.

Vamos apresentar cada salgado frito com ficha técnica, pré-preparo e dicas. Muita informação? Mas este livro pode se tornar um material de referência para você! Volte a ele quantas vezes for necessário.

### *Como transportar salgados*

Há lojas especializadas em embalagens descartáveis apropriadas para cada tipo de salgadinho. Seguem aqui sugestões para vendas diretas e encomendas.

**Ambulante:** sirva-os dentro de saquinhos de papel e com guardanapos.

**Venda por encomenda:** arrume os salgadinhos em caixas de papel craft e em fôrmas de papel para protegê-los do contato direto com qualquer superfície.

### *Como congelar salgados fritos e assados*

Distribua os salgados preparados sobre um tabuleiro e leve ao freezer (não deixe que um encoste no outro). Depois de congelados, transfira-os para sacos plásticos bem fechados e os coloque de novo no freezer. Os salgados podem ser conservados no congelador por até 30 dias.

# Coxinha de galinha

Rendimento: 50 unidades (aproximadamente)

## Ingredientes

*Massa*

125 ml de leite
125 ml de caldo de frango (ou ½ tablete de caldo de galinha industrializado diluído em 100 ml de água quente)
100 g de manteiga
200 g de farinha de trigo
sal e pimenta-do-reino moída na hora

*Recheio*

1 peito de frango cozido (no caldo de frango) e desfiado
1 xícara de caldo de frango
1 colher de sopa de creme de arroz (dissolvida no caldo de frango frio)
1 tomate picado (sem pele e sem sementes)
1 cebola ralada
2 colheres de sopa de cheiro-verde
2 colheres de sopa de óleo (aproximadamente)
noz-moscada, sal e pimenta-do-reino moída na hora

*Para empanar*

farinha de trigo, 1 ovo batido, farinha de rosca, óleo para fritar

## Modo de preparar

*Massa*

Em uma panela, afervente a mistura do caldo de frango com o leite e a manteiga e tempere. Afaste a panela do fogo e acrescente a farinha de trigo de uma só vez, mexendo bem. Leve a panela de volta ao fogo. Mexa a massa até soltar da panela. Coloque -a em uma superfície de trabalho, deixe esfriar e trabalhe a massa até que fique homogênea e brilhante.

*Recheio*

Em uma panela, aqueça o óleo e a cebola (até a cebola suar). Junte o tomate e os temperos. Cozinhe por 10 minutos. Acrescente o frango desfiado e mexa por 3 minutos. Junte o creme de arroz dissolvido e cozinhe até o creme ganhar consistência.

*Montagem*

- Na palma da mão, modele a massa em formato de disco e recheie com o creme já frio.
- Fechar, dando a forma de coxinha, empane e frite em uma panela ou fritadeira. Veja a sequência de montagem na próxima página.

## Dica

- Deixe as coxinhas congeladas em temperatura ambiente por até 20 minutos antes de fritá-las.

1

2

3

4

5

6

### *O termo "suar"*

Suar é um termo muito usado na cozinha. "Deixar a cebola suar" significa deixá-la cozinhar até ficar transparente.

### *Receitas mais saudáveis*

Sabemos que os tabletes de caldos industrializados são muito práticos, no entanto eles possuem alto teor de sal, o que é prejudicial à saúde, especialmente das pessoas que têm problemas de pressão alta, por exemplo. Recomenda-se substituir esses tabletes por caldos feitos com as carnes ou os legumes e os temperos desejados.

## Bolinha de queijo

Rendimento: 30 unidades (aproximadamente)

### Ingredientes

2 xícaras de queijo meia cura ralado
½ xícara de queijo parmesão
1 ½ colher de sopa de amido de milho
1 colher de chá de fermento em pó
1 ovo
sal e pimenta-do-reino moída na hora
óleo para fritar

### Modo de preparar

Em uma tigela, misture todos os ingredientes e sove bem. Faça bolinhas uniformes com as mãos. Frite em óleo quente.

### *Segredo da fritura I*

Nunca deixe a fritura mais do que 1 minuto sobre o papel absorvente. Depois desse tempo, a gordura ora será puxada do alimento para o papel, ora do papel para o alimento. Quanto mais tempo isso acontecer, menos crocante e mais encharcada ficará a fritura. Isso serve para batatas, pastéis, bolinhos, sonhos etc.

## Bolinho de aipim

Rendimento: 10 unidades de 40 g ou 20 unidades de 20 g

### Ingredientes

1 ½ kg de aipim
2 gemas
50 g de manteiga
sal e pimenta-do-reino moída na hora
noz-moscada
1 gema (para pincelar)

### Modo de preparar

Descasque e cozinhe o aipim. Leve ao passador de legumes ainda quente. Bata como um bolo, adicionando a manteiga. Misture as duas gemas na massa enquanto estiver batendo. Tempere com sal, pimenta e noz-moscada. Distribua a massa nas fôrmas. Pincele com a gema. Leve ao forno quente (200°C). Se quiser terminar o bolinho mais tarde, guarde a massa no refrigerador por até seis horas. Na hora de finalizar, você poderá escolher entre duas opções: Colocar a massa toda em uma fôrma de bolo com furo no meio ou distribuí-la em 20 forminhas de empada. Tanto a fôrma grande quanto as forminhas devem ser untadas com manteiga e polvilhadas com farinha de trigo. Para assar em fôrma de bolo, serão necessários cerca de 40 minutos. Em forminhas individuais, 15 minutos, em média, já serão suficientes.

### *Segredo da fritura II*

Para a fritura, o óleo precisa chegar à temperatura ideal – que é de cerca de 180°C. Se a gordura estiver fria, ela penetra no alimento deixando-o pesado e encharcado; se estiver quente demais, vai queimar o salgado por fora e deixá-lo cru ou frio por dentro.

Caso a gordura aqueça demais, desligue o fogo e deixe esfriar e, depois, comece o processo de novo. O óleo não deve esfumaçar, pois isso significa que já está impróprio para a utilização. Recomenda-se o uso de fritadeira elétrica, assim é mais fácil controlar a temperatura do óleo.

## Bolinho de bacalhau

Rendimento: 30 unidades (tamanho médio)

**Ingredientes**

250 g de bacalhau, desfiado e dessalgado
200 g de batatas
1 dente de alho descascado
1 folha de louro
1 cebola picada
50 ml de vinho do Porto (opcional)
3 ovos separados (claras e gemas)
1 colher de salsinha picada
noz-moscada
óleo para fritar
sal e pimenta-do-reino moída na hora

**Modo de preparar**

Cozinhe por 5 minutos o bacalhau (já dessalgado e desfiado) em uma panela com água fervente, junto com o alho e o louro. Retire o bacalhau e escorra até sair toda a água (aproveite a água para cozinhar as batatas). Ponha o bacalhau sobre um pano descartável e esfregue para ficar ainda mais desfiado. Reserve. Descasque as batatas e amasse como purê. Bata as claras em neve. Em uma tigela, ponha o bacalhau, o purê, a cebola, o vinho do Porto, as gemas, a salsinha, o sal, a pimenta e a noz-moscada, mexendo tudo até incorporar e obter uma mistura uniforme. Acrescente as claras batidas em neve e mexa delicadamente. Com a ajuda de duas colheres de sobremesa, molde os bolinhos e frite-os em óleo quente e abundante.

## Croquete de carne

Rendimento: 30 a 40 unidades (tamanho para coquetel) ou 15 unidades (porção lanche)

### Ingredientes

1 kg de carne moída
2 colheres de sopa de azeite extravirgem
3 dentes de alho picados
1 cebola média picada ou ralada
1/2 pimentão médio picado (opcional)
sal e pimenta-do-reino moída na hora
8 colheres de sopa de farinha de trigo
2 ovos
caldo de carne (aproximadamente 500 ml)

*Para empanar*

farinha de trigo, 2 ovos ligeiramente batidos, farinha de rosca, óleo para fritar

### Modo de preparar

Em uma panela, aqueça o azeite e doure a cebola, o alho e o pimentão. Junte a carne e mexa sem parar até que fique com uma bonita cor dourada. Tempere. Polvilhe a farinha em forma de chuva e continue mexendo. Junte os ovos. É importante cozinhar para que não fique com gosto de farinha crua. Aos poucos, adicione o caldo até que a carne se transforme em uma massa macia e perfumada. Deixe esfriar e molde os croquetes.

### Dica

- Ao empanar, passe primeiro na farinha de trigo, depois no ovo e por último na farinha de rosca. Frite em óleo quente.

# Quibe frito

Rendimento: 20 unidades tamanho médio

## Ingredientes

***Massa***

½ kg de carne bovina sem nervos e sem gordura (patinho ou alcatra) cortada em cubos
250 g de trigo fino para quibe
2 xícaras de hortelã fresca e desfolhada
1 cebola pequena (50 g) cortada em 4 no sentido longitudinal
1 colher de chá de pimenta síria
10 pedras de gelo
sal e pimenta-do-reino moída na hora
óleo para fritar

## Ingredientes

***Recheio***

Azeitonas sem caroço

## Modo de preparar

Em uma tigela, lave o trigo em água corrente e deixe de molho por 15 minutos. Escorra e esprema com as mãos para retirar toda a água. Na máquina de moer, moa somente a carne por uma vez. Depois, moa por mais duas vezes a carne com todos os outros ingredientes, incluindo o gelo.

*Montagem*

Modele o quibe com as mãos molhadas. Pegue uma pequena quantidade de massa (tamanho de uma noz) e modele no formato oval. Faça um furo com o dedo indicador na massa e recheie com azeitonas. Feche a massa. Frite em óleo quente.

## Pastel

Rendimento: 30 unidades (aproximadamente)

### Ingredientes

***Massa básica***

1 colher de sopa de manteiga
2 colheres de sopa de cachaça
200 ml de água
sal
400 g de farinha de trigo (aproximadamente)
óleo para fritar

### Modo de preparar

Em uma superfície de trabalho, coloque a farinha de trigo e o sal, abrindo um espaço no centro. Coloque, então, a manteiga, a cachaça e a água. Misture aos poucos, com delicadeza. Sove até a massa ficar homogênea e lisa, soltando das mãos. Deixe descansar por até 30 minutos. Abra com um rolo (o mais fino possível). Corte pequenos discos, com a ajuda de um cortador de massa, carretilha ou copo. Recheie os discos, fechando-os em seguida e apertando as bordas com um garfo. Frite em óleo abundante até dourar.

### Dica

- Se fizer os pastéis com antecedência, cubra-os com filme plástico e guarde na geladeira. O tempo de conservação vai depender sempre do recheio utilizado e não deve ultrapassar 24 horas.

## *Opções de recheios*

### *Carne*

**Ingredientes**

300 g de carne moída (patinho)
2 colheres de sopa de óleo ou azeite
2 colheres de sopa de cebola picada
1 dente de alho bem picado
sal e pimenta-do-reino moída na hora

**Modo de preparar**

Em uma panela, aqueça o óleo com a cebola e o alho, e deixe suar. Acrescente a carne, refogue rapidamente, e tempere com sal e pimenta. Coloque o mínimo de água necessário, só para não queimar. Quando a carne estiver cozida, deixe esfriar. Recheie os pastéis, deixando as bordas livres.

### *Queijo*

**Ingredientes**

300 g de queijo (aproximadamente) cortado em fatias grossas (moçarela, brie, camembert, gruyère, suíço, prato, catupiry)

**Modo de preparar**

Corte em pedaços e recheie os pastéis, deixando as bordas livres.

### *Queijo com orégano*

**Ingredientes**

300 g de queijo tipo moçarela de búfala cortado em pedaços
1 colher de sopa de folhinhas de orégano
1 tomate picado (sem pele e sem sementes)
pimenta-do-reino moída na hora

**Modo de preparar**

Misture os ingredientes. Recheie os pastéis, deixando as bordas livres.

**Dicas**

- Para diferenciar os tipos de recheio dos pastéis e facilitar na hora da venda, convém marcar os pastéis com cortes diferentes.
- Não esqueça de trocar o óleo da fritura com frequência – não complete a fritadeira, simplesmente, pois à medida que o óleo vai esquentando, ele satura e se torna impróprio para o consumo.

## Rissole de camarão

Rendimento: 30 unidades

### Ingredientes

***Massa***

200 g de farinha de trigo
125 ml de leite
125 ml de água
1 pedaço de casca de limão
100 g de manteiga
sal e pimenta-do-reino moída na hora

***Recheio***

250 g de camarões descascados e limpos
50 g de manteiga
1 cebola picada
1 colher de sopa de farinha de trigo
250 ml de leite
2 gemas
½ colher de sopa de cheiro-verde ou coentro picados
sal e pimenta-do-reino moída na hora
noz-moscada

***Para empanar***

farinha de trigo, 2 ovos batidos
farinha de rosca
óleo para fritar

### Modo de preparar

***Massa***

Em uma panela, aqueça o leite e a água com a manteiga, a casca de limão, o sal e a pimenta. Assim que começar a ferver, afaste a panela do fogo e junte a farinha de trigo de uma só vez. Mexa vigorosamente e leve outra vez ao fogo para cozinhar, mexendo sempre até que apareça o fundo da panela e a massa fique homogênea. Retire do fogo e ponha numa superfície de trabalho. Trabalhe a massa até esfriar. Deixe descansar por 30 minutos.

***Recheio***

Em uma panela, aqueça a manteiga com a cebola e deixe suar em fogo brando. Polvilhe com a farinha de trigo e deixe cozinhar sem pegar cor. Junte o leite e deixe cozinhar, mexendo sempre. Acrescente o camarão, o sal, a pimenta e a noz-moscada, cozinhando tudo por cerca de 5 minutos, sem parar de mexer. Retire do fogo, junte as gemas e o cheiro-verde, mexendo sempre para não cozinhar as gemas. Deixe esfriar. Reserve.

### *Montagem*

Abra a massa com um rolo. Corte com um cortador ou com um copo. Recheie o centro da massa com pequenos montinhos do creme. Dobre e aperte a borda. Passe os rissoles na farinha de trigo, nos ovos batidos e depois na farinha de rosca. Frite em óleo quente e abundante.

### Dica

- Nesta receita, você pode substituir os camarões por recheio de frango, peixe ou legumes.

## Salgados assados

Os salgados fritos sempre foram as vedetes em lanchonetes e festas, no entanto, com a onda de alimentação saudável e de dietas que demonizam as frituras, os salgados assados tornaram-se opções obrigatórias no menu dos profissionais do lanche.

Vamos apresentar cada salgado assado com sua receita e dicas de pré-preparo e preparo. Consulte as explicações quantas vezes achar necessário até se tornar um especialista.

# Empada

Rendimento: 20 unidades

## Ingredientes

500 g de massa folhada laminada
1 peito de galinha (cozido no caldo básico)
400 ml de molho bechamel (feito com 200 ml de caldo de galinha, 200 ml de leite, 70 g de manteiga e 70 g de farinha de trigo)
noz-moscada
2 colheres de sopa de salsinha e cebolinha picadas
2 colheres de sopa de queijo parmesão ralado fino
3 gemas
azeitonas verdes
sal e pimenta-do-reino moída na hora
2 gemas para pincelar

## Modo de preparar

Corte o peito em cubinhos de 5 mm. Reserve. Misture ao bechamel e deixe ferver por 3 minutos. Tempere, adicione a salsinha, a cebolinha e o queijo ralado. Bata bem com o batedor de arame para o creme ficar fofo. Retire a panela do fogo e acrescente as gemas, mexendo com vigor para não talhar. Reserve. Deixe esfriar. Corrija o tempero. Estique a massa e corte com os cortadores as tampas e as bases. Forre as fôrmas de empada. Reserve. Recheie as empadas, acrescentando as azeitonas. Cubra com as tampas de massa e cole as bordas com água, usando um pincel. Pincele com as gemas e asse em forno quente. No passo a passo a seguir, a empada é feita com massa seca (ver p.112).

## Dica

- Pode-se substituir a galinha por codorna, pato ou perdiz. Outra opção é uma mistura de legumes cozidos cortados em cubinhos (cenoura, abobrinha, champignon e alho-poró), ervilhas e milho debulhado. Esses mesmos recheios podem ser usados na receita de rissole (p. 102).

1

2

3

4

5

6

7

# Empanada

Rendimento: 20 unidades (aproximadamente)

## Ingredientes

***Massa***

500 g de farinha de trigo
1 colher de sopa de açúcar
sal
125 g de manteiga
150 ml de leite morno
1 pacote ou 1 tablete de fermento biológico
2 ovos batidos
farinha de trigo para polvilhar
1 gema para pincelar

## Modo de preparar

Em uma superfície de trabalho, junte a farinha, o açúcar e o sal peneirados em forma de vulcão. Derreta a manteiga no leite morno. Junte o fermento e misture. Abra um espaço na farinha e junte a mistura do leite morno e os ovos já batidos. Com as pontas dos dedos, misture a massa, sovando-a até ficar lisa e elástica. Cubra o recipiente com um plástico e deixe a massa descansar, protegida de correntes de vento, até dobrar de volume. Divida a massa em 20 partes e abra em discos de cerca de 10 cm, polvilhando com a farinha, se necessário. Cubra com um pano úmido descartável e deixe descansar por 20 minutos, para perder a elasticidade.

## Ingredientes

***Recheio***

500 g de patinho moído
1 xícara de cebola picada
2 colheres de sopa de manteiga
2 colheres de sopa de cheiro-verde picado
sal e pimenta-do-reino moída na hora

## Modo de preparar

Em uma panela, aqueça a manteiga e frite rapidamente a cebola e a carne. Tempere. Refogue até evaporar o excesso de água. Deixe esfriar.

*Montagem*

Coloque uma colherada de recheio no centro de cada disco de massa. Dobre e cole as extremidades, formando uma meia-lua. Pincele com gema batida e coloque em tabuleiro untado. Asse em forno aquecido a 180ºC por 20 minutos ou até que as empanadas estejam douradas.

### *Cachorro-quente de forno e joelho*

A receita da massa de empanada serve também para preparar a massa do cachorro-quente de forno e do joelho. O corte da massa é diferente: corte a massa na forma de um retângulo de 10 x 10 cm ou no tamanho desejado. No caso do cachorro-quente de forno, envolva uma salsicha crua ou corte-a no tamanho proporcional à massa. No caso do joelho, recheie a massa com moçarela e presunto. Depois, é só pincelar o salgado com ovos batidos e assar em forno preaquecido.

## Pão de batata

Rendimento: 1 fôrma de 1½ litro ou 20 unidades de pães redondos de 10 cm de diâmetro

### Ingredientes

30 g de fermento biológico (2 tabletes)
½ xícara de água morna
1 colher de chá de açúcar
1 xícara de chá de leite morno
2 colheres de sopa de manteiga
1 xícara de batata cozida e amassada com garfo
6 xícaras de farinha de trigo (aproximadamente)
1 colher de sopa de sal

### Modo de preparar

Em uma tigela grande, misture os três primeiros ingredientes com duas colheres de farinha de trigo. Deixe descansar até dobrar de volume. Misture o leite, a manteiga e o purê de batatas formando uma massa homogênea. Junte a primeira mistura com a segunda. Aos poucos, acrescente a farinha e o sal. Transfira a massa para uma superfície de trabalho e sove, deixando a massa com aparência lisa e brilhante. Cubra a massa para deixá-la crescer (fora de corrente de ar) até dobrar de volume. Trabalhe de novo a massa e coloque em fôrma de pão untada com manteiga e farinha. Deixe dobrar de volume outra vez e asse em forno preaquecido a 180°C-200°C por 40 minutos (ou faça o teste do palito).

# Pão de queijo

Rendimento: 30 a 40 unidades (tamanho para coquetel) ou 15 unidades (porção lanche)

## Ingredientes

250 g de queijo de minas curado ralado fino
2 colheres de sopa de queijo parmesão ralado fino
350 g de polvilho doce
150 g de polvilho azedo
2 ovos inteiros
100 g de manteiga
sal e pimenta-do-reino moída na hora
350 ml de leite (aproximadamente)

## Modo de preparar

Em uma tigela grande, misture todos os ingredientes, sendo que o leite deve ser colocado aos poucos, de modo a deixar a massa com uma consistência homogênea. Transfira para uma superfície de trabalho e sove bem até a massa ficar lisa e soltar das mãos. Faça bolinhas e distribua em uma fôrma polvilhada, levando ao forno preaquecido a 180ºC até dourar.

## Dicas

- Faça os pãezinhos em bolinhas pequenas, com cerca de 3 cm de diâmetro.
- Se não for assar os pães de queijo logo após o preparo, congele-os dispondo cada bolinha separadamente em tabuleiros (do contrário, ficarão grudados). Depois que estiverem duros, acomode-os em sacos plásticos e leve-os ao freezer. Na hora de utilizar, retire-os do freezer e coloque-os para assar imediatamente.

# Pizza de massa fina (massa do tipo biscoito)

Rendimento: 15 unidades

## Ingredientes

5 g de fermento químico
1 colher de chá de açúcar
500 ml de água na temperatura ambiente
1 colher de sopa de óleo
1 colher de sopa de sal
500 g de farinha de trigo

## Modo de preparar

Em uma tigela, misture o fermento com o açúcar, a água e o óleo. Em uma superfície de trabalho, faça um vulcão com a farinha de trigo e o sal. Coloque a mistura líquida no centro desse vulcão e, com as pontas dos dedos, incorpore o líquido à farinha. Depois de tudo absorvido, sove a massa até que fique lisa e homogênea. Separe em pedaços de cerca de 40 g. Faça bolinhas e deixe descansar sobre uma tábua (ou tabuleiro) polvilhada com farinha de trigo e coberta com um pano descartável, até dobrar de volume. Na superfície de trabalho, abra as massas com auxílio de um rolo até que fiquem com mais ou menos 3 mm de espessura. Quanto mais fina, mais saborosa será a massa. Pré-asse a massa até que ela fique opaca. Até aqui, você poderá guardar as massas em embalagens plásticas no congelador por até 30 dias. No momento de montar a pizza, use e abuse da sua cobertura preferida.

## Dica

- Esta pizza também pode ser feita na frigideira. Para isso, basta aquecer a frigideira, colocar a massa e a sua cobertura preferida. Em seguida, abafar com uma tampa e deixar gratinar.

## Pizza de massa grossa

Rendimento: 15 unidades

### Ingredientes

30 g de fermento químico
1 colher de chá de açúcar
500 ml de água morna
2 colheres de sopa de óleo
1colher de sopa de sal
1 kg de farinha de trigo (aproximadamente)

### Modo de preparar

Em uma tigela, misture o fermento com o açúcar, a água e o óleo. Em uma superfície de trabalho, faça um vulcão com a farinha de trigo e o sal. Coloque a mistura líquida no centro desse vulcão e, com as pontas dos dedos, incorpore-a à farinha. Depois de tudo absorvido, sove a massa até que fique lisa e homogênea. Separe em pedaços de cerca de 60 g. Faça várias bolinhas e deixe descansar sobre uma tábua (ou tabuleiro), polvilhada com farinha de trigo coberta com um pano de prato, até dobrar de volume. Na superfície de trabalho, abra as massas com o auxílio de um rolo até que fiquem com 5 mm de espessura. No momento de abrir, deixe as bordas ficarem um pouco mais grossas em relação ao resto da massa. Para isso, gire as massas depois de esticá-las, com o punho voltado para cima – exatamente como fazem os pizzaiolos – e jogue-as para o alto, uma a uma, sem exagerar. Pré-asse a massa até ficar opaca. Como esta é mais grossa, deve-se ter cuidado para não assá-la completamente nesta fase.

### Dica

- Não congele ou guarde este tipo de massa. O melhor é usá-la no dia do preparo.

## *Pizza fina, pizza grossa, calzone, focaccia*

O que vai determinar o "acabamento" destas massas é simplesmente a quantidade de fermento, óleo e a temperatura da água.

Para faça uma *pizza fininha e crocante*, usa-se o mínimo de fermento, a água deve estar em temperatura ambiente (cerca de 20°C) e o óleo é só para amaciar.

Para a *pizza grossa e macia*, aumenta-se a quantidade de fermento e de óleo e amorna-se a água.

O *calzone* é a pizza de massa grossa esticada com aproximadamente ½ cm de espessura, fechada como um grande pastel.

A *focaccia* é a massa de pizza grossa esticada com mais ou menos 1 cm de espessura, aberta no formato retangular, coberta com sal grosso, alecrim e azeitonas.

Hoje existem várias maneiras para assar pizzas: forninhos elétricos, pedras de assar, fornos de alvenaria em pequenas dimensões e até frigideira.

Orientar as receitas para que sejam feitas em tamanho individual (20 cm) torna a refeição rápida muito divertida, porque o cliente pode montar a própria pizza com o recheio de sua preferência. Como sugestão, veja a seguir os itens básicos e variáveis para seu negócio:

Itens básicos:
1)Molho de tomate para pizza
2)Queijo moçarela ralado grosso
3)Orégano

Itens variáveis:
1)Presunto cortado em fitas finas
2)Atum em conserva escorrido
3)Calabresa fatiada fina
4)Cebola fatiada fina
5)Ovos cozidos fatiados
6)Azeitonas
7)Manjericão fresco
8)Aliche
9)Alcaparras escorridas
10)Moçarela de búfala
11)Catupiry
12)Champignons
13)Queijo roquefort
14)Rúcula picada
15)Tomate seco
16)Tomate fresco

### *Molho de tomate para pizza*

**Ingredientes**

2 kg de tomate limpos e maduros sem sementes
2 colheres de sopa de extrato de tomate
1 dente de alho
1 colher de sopa de cebola picada
10 folhas de manjericão
2 colheres de sopa de azeite de oliva
sal
pimenta-do-reino moída na hora

**Modo de preparar**

Bata tudo no liquidificador e conserve em refrigerador até o momento de usar.

Rendimento: 1 fôrma de 30 cm de diâmetro (fundo solto) ou 1 pirex de 18 cm X 25 cm

## *MASSA BÁSICA (MASSA SECA OU PODRE)*

**Ingredientes**

200 g de farinha de trigo
125 g de manteiga sem sal amolecida
3 colheres de água gelada
2 gemas batidas
1 pitada de sal
1 colher de sopa de açúcar (apenas em preparações doces)

## *MASSA CROCANTE (BISCOITO OU SABLÉE)*

250 g de farinha de trigo
180 g de manteiga amolecida
2 colheres de sopa de açúcar
1 colher de sopa de água gelada
2 gemas
1 pitada de sal
1 colher de sopa de açúcar (apenas em preparações doces)

**Modo de preparar**

Em uma bancada de trabalho ou tigela, peneire a farinha. Abra espaço no centro do monte de farinha e coloque a manteiga, a água, as gemas, o sal e o açúcar. Imediatamente, comece a trabalhar a massa com as pontas dos dedos até obter uma farofa grossa. Com a palma da mão, junte a massa formando uma bola homogênea. Deixe a massa descansar na geladeira por 30 minutos. Se você tiver um processador de alimentos, junte todos os ingredientes e bata por 30 segundos ou até que a massa se torne homogênea. Em uma superfície polvilhada com farinha de trigo, abra a massa com um rolo (veja como a seguir). Depois de acomodar a massa na fôrma, deixe que ela descanse mais uns 10 minutos, antes de assar. Pique o fundo com um garfo para que a massa não infle ao assar (e não se preocupe, o recheio não vai vazar). A massa ficará mais crocante se for pré-assada em branco, ou seja, sem recheio.

### *Para abrir a massa*

Com o auxílio de um rolo, estenda a massa sobre uma superfície polvilhada com farinha de trigo. Deixe no formato de um grande disco e, em seguida, transporte com cuidado para a fôrma (para isso, basta enrolar a massa no rolo levemente polvilhado com farinha de trigo, colocando-a, em seguida, sobre a fôrma). Com uma pequena quantidade de massa, faça uma bolinha e pressione os cantos da fôrma, para melhor assentar a massa como um todo. Com os dedos, pressione a borda, passando o rolo sobre ela, a fim de retire eventuais sobras de massa. Se montar a torta no pirex, ainda é possível garantir uma sobrinha para a cobertura!

### *Para assar em branco*

Algumas receitas recomendam pré-asse a massa para que o recheio não a umedeça. Outras tortas são recheadas com cremes que não precisam ir ao forno. Nesses casos, a massa deve estar totalmente pronta e assada antes de levar o recheio. Para assar uma massa vazia, em branco, é preciso colocar um peso sobre ela para evitar a formação de bolhas de ar que estufam a massa. Para ajudar nesse processo, é preciso também fazer pequenos furos com um garfo na massa que forra a fôrma para ajudar a sair o ar.

### *Segredos das tortas*

Existem diversos tipos de tortas; e recheios e massas podem variar. No entanto, todas as massas levam farinha, gordura e ovos. Por isso, atenção a esses ingredientes.

**Farinha de trigo:** procure usar sempre a do tipo especial. É mais fina e vai deixar a massa mais leve. Como moramos em um país tropical e de clima mais úmido, peneire as farinhas antes de usar, para aerar e afofar.

**Gorduras:** as mais usadas são manteiga, margarina, banha, gordura vegetal e azeites. A manteiga é a gordura mais nobre, deixando as massas mais leves e saborosas. Mas cada receita tem a sua particularidade. Respeite as receitas!

**Ovos:** sempre frescos, procure usar um tamanho padrão médio (mais ou menos 60 g). Use-os em temperatura ambiente, pois assim as tortas crescerão mais.

**Líquidos:** leite, água, sucos, café e chás, todos podem ser empregados nas receitas de bolos e tortas. Respeite as receitas!

Evite substituir os ingredientes das receitas, principalmente se você já tiver um público fiel. Quando os clientes encomendam uma torta, esperam por aquela sua famosa "receita". Lembre-se: ingredientes diferentes dão resultados diferentes, e o sucesso de uma receita depende da exatidão das medidas.

## Modo de preparar

***Para assar em branco***

Forre a fôrma com a massa. Cubra com uma folha de papel-manteiga. Preencha com uma camada de grãos secos (feijões, lentilhas, ervilhas, grão-de-bico). Esses grãos podem ser guardados e usados sempre para este fim. Existem ainda bolinhas de cerâmica feitas especialmente para essa finalidade. Asse em forno preaquecido. Se a receita pedir uma massa pré-assada, cubra com uma folha de papel-manteiga ou alumínio e leve ao forno por 8 ou 10 minutos. Depois desse tempo, retire o papel e os grãos e deixe assar por mais uns 2 minutos. Caso a receita seja de recheio que vá ao forno, asse completamente a massa.

## Dicas

- Essas duas massas têm textura esfarelada e ficam crocantes depois de assadas. Popularmente, é o que chamamos de massa podre, que tem aplicação em tortas de frutas, quiches e similares. Em função de sua versatilidade, essa massa pode ser enriquecida com chocolate, cacau, canela em pó, amêndoas ou avelãs em pó – no caso das receitas doces; no caso de receitas salgadas, com queijo parmesão ralado, páprica, curry ou ervas secas.
- Para rechear uma torta, a massa deve estar fria, porque, se estiver quente e o recheio contiver manteiga ou creme fresco, eles vão se separar do resto do composto. O ideal é "isolar" ou impermeabilizar a massa, logo que sair do forno, com uma camada de claras batidas em neve espalhadas com um pincel. O calor cozinhará as claras. Outra maneira de impermeabilizar tortas doces é pincelar chocolate derretido, preto ou branco. Lembre de nunca colocar o recheio quente, pois ele pode cozinhar a massa, e esta ficará "escaldada".

# Quiche lorraine

Rendimento: 8 porções

## Ingredientes

***Massa básica seca ou podre***

300 g de farinha de trigo
150 g de manteiga sem sal amolecida
4 colheres de água gelada
3 gemas batidas
1 pitada de sal
1 colher de sopa de açúcar (apenas em preparações doces)

***Recheio***

300 g de bacon
300 g de queijo do tipo gruyère

***Creme***

750 g de creme de leite fresco
350 ml de leite
7 ovos
noz-moscada
sal e pimenta-do-reino moída na hora

## Modo de preparar

***Massa***

Forre o lado e o fundo de uma fôrma de aro removível de 35 cm de diâmetro deixando a massa com 5 mm de espessura. Asse em branco em forno preaquecido a 180°C por 10 minutos (p. 113–114). Retire do forno. Reserve.

***Recheio***

Rale o queijo e reserve. Em uma panela, frite o bacon, sem deixar queimar.

***Creme***

Em uma tigela, bata os ovos, o leite e o creme de leite. Corrija o tempero.

***Montagem***

Junte o queijo ao bacon e recheie a massa já assada. Acrescente o creme de ovos. Leve ao forno preaquecido a 180°C por cerca de 45 minutos.

## Dica

- Quiche é um acompanhamento ideal para rosbife, ou servido com salada de folhas verdes e vinagrete clássico. O bacon pode ser substituído por presunto cru, alho-poró refogado com manteiga, champignons, tomate seco ou 4 colheres de sopa de ervas frescas picadas. Outros tipos de queijo, como roquefort, brie, camembert etc. também podem entrar na receita.

## Quiche de cebola

Rendimento: 4 porções

### Ingredientes

***Massa***

1 receita de massa seca ou podre (p. 112)

***Recheio***

800 g de cebola cortada em fatias finas
100 g de bacon picado
50 ml de óleo de canola (aproximadamente)
100 ml de leite
200 ml de creme de leite
3 ovos
noz-moscada
sal e pimenta-do-reino moída na hora
cominho em pó (opcional)

### Modo de preparar

A massa já deve estar esticada em uma fôrma de fundo solto, pré-assada por 10 minutos em branco e fria. Em uma frigideira, aqueça o óleo e doure o bacon até ficar crocante. Reserve. Na mesma frigideira, refogue a cebola até ficar macia, retire e deixe esfriar. Em uma tigela, misture o leite, o creme de leite, os ovos e os temperos. Coloque a cebola e o bacon no fundo da fôrma, cubra com o creme e leve ao forno preaquecido por cerca de 30 minutos. Faça o teste do palito para saber se a torta está assada. Sirva quente.

# DOCES

## Bolos e tortas

Como já vimos, organização e planejamento são ingredientes indispensáveis em qualquer serviço de alimentação. E com a preparação de bolos e tortas não poderia ser diferente.

Ao começar a executar qualquer receita, organize o espaço de trabalho e separe todos os ingredientes. Podemos considerar isso como o pré-preparo. Bolos e tortas não admitem espera no meio da receita para a compra de ovos ou fermento, por exemplo. A massa pode desandar. Deixe os ingredientes separados e medidos, os ovos quebrados e já prontos para usar.

### *Segredos dos bolos*

- A temperatura correta e o calor uniforme do forno produzem um bolo perfeito. Mantenha o forno sempre limpo e faça revisões periódicas nos queimadores e na chapa. Se usar mais de uma grade, disponha as fôrmas de modo desencontrado para que as massas recebam calor por igual.
- Ligue o forno no momento em que for começar a fazer o bolo. Assim, enquanto prepara a receita, o forno atinge a temperatura indicada.
- Se a massa do bolo for sem gordura e com muitas claras, do tipo pão de ló, pressione delicadamente a superfície da massa com os dedos. Se estiver assada, ela vai fazer uma leve resistência.
- Retire o bolo do forno assim que estiver assado. Se ele ficar no forno, mesmo desligado, a massa vai secar e torrar.
- Deixe o bolo esfriar um pouco para desenformá-lo sobre um prato ou uma grelha apropriada.
- Não abra a porta do forno antes do tempo mínimo indicado na receita, pois o bolo pode afundar no centro. Uma boa dica é esperar pelo perfume de bolo assado. A partir daí, preste atenção: depois que ele começar a perfumar o ambiente, faça o "teste do palito", introduzindo um palito no centro da massa do bolo – se ele sair seco, a massa está assada.

Verifique também se os utensílios estão limpos e em condições de uso. Não lave as fôrmas e os tabuleiros com produto abrasivo, pois esses utensílios costumam vir com proteção para que a massa não grude na fôrma. Depois de usá-los, deixe-os com água dentro para amolecer a massa ou a calda e, depois, lave tudo com esponja e sabão.

Outro detalhe muito importante é padronizar as medidas. O ideal é usar sempre a mesma balança de cozinha ou um copo medidor. Assim, a rotina culinária tende a ficar mais fácil. Nas páginas 128 e 129, você encontrará uma tabela de equivalência de pesos e medidas. Se quiser experimentar uma receita nova com medidas caseiras, recorra à tabela para calcular os ingredientes, se for redimensionar o rendimento.

E por falar em rendimento, calcule bem o corte do bolo ou da torta nos tabuleiros, para que os pedaços não fiquem desiguais. Use sempre fôrmas e tabuleiros proporcionais à quantidade da massa. Pouca massa em fôrmas grandes causa um efeito indesejável e feio: um bolinho baixo e minguado, desproporcional. No caso inverso, fôrmas e tabuleiros menores que a quantidade de massa deixam transbordar o conteúdo pelo efeito das claras batidas e do fermento. O ideal é que se preencha apenas ¾ da capacidade da fôrma, deixando o restante para que a massa cresça.

As tabelas a seguir mostram o rendimento de cada tamanho de fôrma.

## Rendimento em fatias

**Fôrma redonda**

| *Diâmetro (cm)* | *Número de fatias* |
|---|---|
| 15 | 10 |
| 18 | 15 |
| 20 | 18 |
| 23 | 25 |
| 25 | 30 |
| 30 | 40 |
| 33 | 50 |
| 35 | 60 |

**Fôrma quadrada**

| *Tamanho da fôrma (cm)* | *Número de fatias* |
|---|---|
| 15 | 12 |
| 20 | 25 |
| 25 | 30 |
| 30 | 50 |
| 35 | 70 |

**Fôrma retangular**

| *Tamanho da fôrma (cm)* | *Número de fatias* |
|---|---|
| 35 X 25 | 30 |
| 40 X 30 | 50 |
| 45 X 30 | 70 |

## Bolo de cenoura com calda de chocolate

Rendimento: 1 tabuleiro médio (23 x 30 cm) ou 1 fôrma com furo no meio (capacidade para 2 litros – 30 cm de diâmetro)

### Ingredientes

***Massa***

4 cenouras médias
4 ovos
1 ½ xícara de óleo
3 xícaras de açúcar
4 xícaras de trigo
1 colher de fermento em pó

***Calda***

3 colheres de sopa de chocolate em pó
3 colheres de sopa de leite
1 xícara de chá de açúcar
1 colher de sopa de manteiga ou margarina

### Modo de preparar

***Massa***

Bata no liquidificador as cenouras, os ovos e o óleo. Coloque em uma tigela de batedeira e bata com o açúcar, o trigo e o fermento.

Distribua a massa em uma assadeira untada e leve ao forno preaquecido. Asse por aproximadamente 45 minutos.

***Calda***

Em uma panela pequena, coloque todos os ingredientes e aqueça em fogo brando por 3 minutos, sem parar de mexer. Cubra o bolo ainda quente.

# Bolo de aipim com coco

Rendimento: 1 fôrma de furo no meio com capacidade de 2 litros (30 cm de diâmetro)

## Ingredientes

***Massa***

1 ½ kg de mandioca crua ralada
4 ovos inteiros
200 g de açúcar
2 colheres de chá de sal
200 g de manteiga em temperatura ambiente
5 colheres de chá de essência de baunilha (opcional)
500 ml de leite de coco

***Calda***

1 xícara de chá de água
2 xícaras de chá de açúcar

## Modo de preparar

***Massa***

Em uma tigela grande, coloque todos os ingredientes e bata bem, até obter uma mistura homogênea. Distribua a massa na fôrma e leve ao forno até que o bolo esteja assado. Faça o teste do palito.

***Calda***

Em uma panela pequena, coloque a água e o açúcar e vá mexendo para dissolver o açúcar. Cozinhe em fogo médio até que a calda fique na cor caramelo-claro. Distribua a calda na fôrma com as costas de uma colher.

## Dica

- Desenforme o bolo morno ou aqueça a fôrma em banho-maria para o caramelo derreter e facilitar o trabalho.

## *Pontos de calda*

Para obter uma calda perfeita é preciso misturar bem o açúcar na água até que se dissolva por completo – a mistura só deve ser levada ao fogo depois de cumprido esse passo. Com o auxílio de um pincel embebido em água limpa, remova resíduos de açúcar que tenham ficado na lateral da panela, isso evita a formação de cristais. Nunca mexa a calda enquanto ela estiver cozinhando, pois os cristais de açúcar vão se transformar em uma massa farinhenta.

O tempo de permanência da calda no fogo e, consequentemente, a quantidade de água evaporada determinam o seu ponto ideal de cozimento. Sempre que precisar interromper o cozimento de uma calda ou um caramelo, apoie o fundo da panela dentro de uma bacia com água fria ou gelo. Veja então os pontos de calda.

- **Ponto de bala mole ou ponto de pérola**

A calda apresenta bolhas pequenas e intensas. Se você retirar uma amostra desta calda com a ponta de uma faca limpa, ela manterá a forma, com uma consistência macia (ideal para fazer a baba de moça, por exemplo). Temperatura aproximada: 115ºC.

- **Ponto de bala média ou fio fino**

A calda apresenta bolhas médias. Se você retirar uma amostra da calda com a ponta de uma faca limpa, ela manterá a forma, mas terá consistência pegajosa (ideal para fazer suspiros e merengues). Temperatura aproximada: 120ºC.

- **Ponto de bala dura ou ponto de fio**

A calda apresenta bolhas grandes, que se formam lentamente. Se você retirar uma amostra da calda com a ponta de uma faca limpa, ela formará fios intermináveis. Temperatura aproximada: 125°C.

- **Ponto de fio grosso**

A calda apresenta bolhas grandes, que se formam muito lentamente. Ao retirar uma amostra da calda com a ponta de uma faca limpa, ela formará fios grossos e quebradiços. Esse é o ponto ideal para caramelar frutas. Temperatura aproximada: 130°C. Mas, atenção: a partir deste ponto, a calda queima rapidinho.

- **Pontos de caramelo**

A partir do ponto de fio grosso, a calda assumirá um tom dourado claro e escurecerá rapidamente. Esse ponto tem sabor suave e agradável. Alguns segundos a mais no fogo e você obterá a calda no ponto caramelo dourado-escuro, que lembra o sabor de nozes, levemente amargo. Uma vez obtido o caramelo, use-o logo, pois ele endurece muito rápido. Para ter um caramelo mais líquido (fino), retire a panela do fogo e, em seguida, acrescente um pouco de água fervente.

# Bolo de laranja

Rendimento: 1 tabuleiro médio (23 x 30 cm) ou 1 fôrma com furo no meio (capacidade para 2 litros – 30 cm de diâmetro)

## Ingredientes

3 laranjas médias inteiras
3 ovos inteiros
150 ml de óleo
2 xícaras de açúcar
1 colher de sopa de essência de baunilha
2 xícaras de farinha de trigo peneirada
1 colher de sopa de fermento em pó

### *Cobertura (opcional)*

½ xícara de suco de laranja
2 colheres de açúcar

## Modo de preparar

Unte uma fôrma de bolo com manteiga e farinha. Corte as laranjas em 4 e retire as sementes. No liquidificador, bata as laranjas, os ovos, o açúcar, o óleo e a essência de baunilha. Reserve. Em uma tigela, coloque a farinha e o fermento e incorpore, com delicadeza, a massa liquefeita. Coloque na fôrma e leve para assar por 40 minutos mais ou menos ou faça o teste do palito. Depois de assado e ainda quente, cubra com a cobertura de laranja e açúcar.

### *Cobertura*

Em uma tigela, misture o suco de laranja com o açúcar. Reserve.

## Dica

- Você pode substituir a laranja pela tangerina.

## Bolo de milho

Rendimento: 1 tabuleiro (18 x 25 cm) ou 1 fôrma de bolo com furo no meio (capacidade de 1 litro)

### Ingredientes

2 xícaras de fubá de milho
1 xícara de farinha de trigo
200 g de manteiga
2 xícaras de açúcar
1 xícara de leite de coco
4 ovos separados (claras e gemas)
1 colher de chá de erva-doce (opcional)
5 gotas de essência de baunilha ou 1 envelope de açúcar de baunilha
2 colheres de chá de fermento em pó

### Modo de preparar

Bata o açúcar com a manteiga até esbranquiçar. Acrescente as gemas, uma a uma, batendo sempre. Peneire as farinhas – de trigo e de milho – e o fermento em pó. Adicione as farinhas e o leite de coco alternadamente, batendo sempre. Junte a erva-doce ou o açúcar de baunilha. Bata as claras em neve e incorpore à massa. Coloque a massa em uma fôrma com furo no meio (ou um tabuleiro) untada com manteiga e farinha. Leve ao forno pré-aquecido a 200°C. Depois de assado (faça o teste do palito), deixe o bolo amornar antes de virar. Polvilhe açúcar com o auxílio de uma peneira.

## Bolo invertido de banana

Rendimento: 1 tabuleiro médio (23 x 30 cm) ou 1 fôrma com 30 cm de diâmetro

### Ingredientes

4 ovos separados (claras e gemas)
2 xícaras de açúcar
2 xícaras de farinha de trigo
1 colher de sopa de fermento em pó
1 xícara de leite
1 xícara de manteiga
4 bananas nanicas fatiadas (½ cm)

#### *Calda*

1 xícara de chá de açúcar
½ xícara de chá de água quente

### Modo de preparar

Em uma panela pequena, faça uma calda em ponto de caramelo. Despeje a calda no fundo da fôrma e acomode as bananas fatiadas. Na batedeira, bata a manteiga e o açúcar até esbranquiçar e borbulhar. Junte as gemas, o leite e continue batendo. Fora da batedeira, misture delicadamente a farinha de trigo e o fermento. Bata as claras em neve e incorpore delicadamente à massa. Coloque na fôrma e leve para assar por cerca de 40 minutos ou faça o teste do palito.

# Bolo Nega Maluca

Rendimento: 1 tabuleiro médio (23 x 30 cm) ou 1 fôrma com furo no meio (capacidade para 2 litros)

## Ingredientes

### *Massa*

250 g de farinha de trigo peneirada
200 g de açúcar
200 g de chocolate em pó
200 ml de leite
200 ml de óleo
1 colher de sopa de fermento em pó
3 ovos inteiros

### *Calda*

2 colheres de sopa de leite
6 colheres de sopa de açúcar
6 colheres de sopa de chocolate em pó
4 colheres de sopa de manteiga
chocolate granulado (opcional)

## Modo de preparar

### *Massa*

Aqueça o forno a 180ºC. Unte o tabuleiro com manteiga e polvilhe com farinha de trigo. Em uma batedeira, bata os ovos com o açúcar até esbranquiçar. Junte o óleo e o chocolate e bata por mais 3 minutos. Adicione a farinha de trigo e o fermento e continue batendo por mais 1 minuto. Junte o leite e misture. Coloque a massa na fôrma e asse por 30 minutos ou até que, ao enfiar um palito no centro da massa, ele saia seco.

### *Calda*

Leve os ingredientes – leite, açúcar, chocolate em pó e manteiga – ao fogo, mexendo sempre até ferver. Distribua sobre o bolo ainda quente. Se optar por usar o granulado, polvilhe-o sobre a calda ainda líquida.

## Dica

- O bolo Nega Maluca é uma excelente opção de sobremesa e também pode ser a grande estrela do lanche da tarde. Fica delicioso quando servido com sorvete de baunilha ou creme.

# Rocambole de doce de leite

Rendimento: um tabuleiro de 23 x 30 cm ou 10 fatias

## Ingredientes

100 g de açúcar
2 ovos inteiros
6 gemas de ovos
50 g de farinha de trigo
200 g de doce de leite pastoso de boa qualidade
papel-manteiga para forrar o tabuleiro
manteiga ou margarina para untar
farinha de trigo ou de rosca para polvilhar
um pano descartável
açúcar refinado ou cristal

## Modo de preparar

Unte a fôrma para fixar o papel-manteiga. Unte também esse papel com manteiga e farinha de trigo. Em uma batedeira, bata os ovos inteiros com o açúcar até esbranquiçar e fazer bolhas. Acrescente as gemas e continue batendo. Desligue a batedeira e incorpore delicadamente a farinha de trigo. Coloque a massa na fôrma e cubra com uma folha de papel-manteiga. Leve para assar em forno quente (200° C) por mais ou menos 10 minutos.

### *Montagem*

Abra um pano descartável umedecido sobre uma superfície limpa e polvilhe com açúcar refinado ou cristal. Desenforme o bolo sobre esse pano e retire o papel-manteiga. Com o auxílio do pano, enrole a massa sobre ela mesma para dar o formato de rocambole. Deixe esfriar por uns 15 minutos. Desenrole a massa e, em seguida, recheie com doce de leite e voltar a enrole como rocambole. Coloque o bolo sobre um prato raso e polvilhe açúcar.

# Torta de morango

Rendimento: 6 porções

## Ingredientes

### *Massa*

1 receita de massa básica seca ou podre (p. 112)

### *Creme*

250 ml de leite
4 gemas
100 g de açúcar
20 g de farinha de trigo
20 g de amido de milho
1 colher de chá de essência de baunilha
50 g de manteiga
1 colher de licor de laranja (opcional)

### *Cobertura*

500 g de morangos
gel de brilho

## Modo de preparar

### *Massa*

Deixe a massa descansar por 30 minutos e abra com o auxílio de um rolo. Forre uma fôrma de 25 cm de diâmetro com a massa, faça furos no fundo e leve para gelar por duas horas. Asse em branco no forno a 180°C por 10 minutos. Passado esse tempo, tire o papel para que a massa possa acabar de assar. Deixe esfriar e recheie.

### *Creme*

Em uma panela, aqueça o leite. Na batedeira, bata as gemas com o açúcar até esbranquiçar. Adicione a farinha, a maisena e a essência de baunilha. Continue batendo e misture o leite quente aos poucos, em velocidade mínima. Leve de volta ao fogo, mexendo sempre. Continue a cozinhar até que, passando o dedo pelas costas da colher, seja possível formar um "caminho". Retire da panela e passe a mistura para a tigela da batedeira. Cubra com filme plástico, vedando por completo para evitar que o contato com o ar crie uma película. Deixe esfriar. Bata na batedeira com a manteiga e o licor até ficar cremoso. Recheie a torta e decore com os morangos. Pincele com gel de brilho.

## Dicas

- Os morangos podem ser substituídos por uvas firmes, kiwis, framboesas, pêssegos em calda etc. cortados ao meio ou em fatias.
- Para fazer tortinhas individuais: basta colocar a massa em pequenas fôrmas, mas o tempo do forno será menor. Recheie e decore da mesma maneira.

### *Dicas para medir ingredientes*

**Ingredientes secos:** farinhas, açúcares e grãos devem ser afofados e peneirados antes de ser medidos na balança ou no medidor. Coloque o ingrediente seco em um recipiente de medida e passe a lâmina da faca na boca do medidor para acertar o nível. Não comprima o ingrediente.

**Ingredientes líquidos:** apoie o recipiente numa superfície reta para visualizar melhor o líquido. Verifique o nível da medida na altura da vista.

**Ingredientes gordurosos e pastosos:** manteigas, margarinas ou banhas, para serem medidas, devem estar em temperatura ambiente e amolecidas. Comprima o ingrediente no medidor com a ajuda de uma colher para não produzir bolhas de ar internamente.

### *Pesos e medidas*

Para pesar ingredientes, use medidas padronizadas ou uma balança regulada. Xícaras, copos e colheres são medidas caseiras e, por isso, não recomendados quando se trata de receitas que precisam ser padronizadas. Para facilitar o trabalho, apresentamos aqui tabelas de equivalências. Consulte-as em caso de dúvida.

| Tabela de equivalências | | |
|---|---|---|
| 1.000 ml (1 litro) | 4 copos tipo americano | 16 colheres de sopa |
| 75 ml | 1/3 xícara de chá | 6 colheres de sopa |
| 100 ml | 1/2 xícara de chá | 8 colheres de sopa |
| 75 ml | 1/3 xícara de chá | 6 colheres de sopa |
| 50 ml | 1/4 xícara de chá | 4 colheres de sopa |
| 5 ml | 1 colher de chá | 1/3 colher de sopa |
| 1 kg | | 5 xícaras de chá |
| 250g | 1 copo de água | |
| 200 g | 1 prato fundo nivelado | |

| Equivalência em gramas por ingrediente | |
|---|---|
| *Ingredientes (1 colher de sopa)* | *Peso aproximado* |
| Fermento em pó | 12 g |
| Amido de milho | 8 g |
| Óleo | 10 g |
| Sal | 13 g |

## Docinhos

Amor pela culinária e espírito empreendedor podem resultar em uma guinada profissional. Fazer e vender docinhos (ou doces por unidade) já refizeram a vida de muita gente. Mas para o negócio já começar dando certo, é preciso planejar, pesquisar o mercado, a fim de saber onde estão os consumidores para seu produto e verificar a concorrência e os preços. Aliás, é importante definir quais produtos farão parte de seu menu de especialidades.

Calcular os custos sem deixar nenhum ingrediente de fora da planilha é fundamental para cobrar o preço justo e ainda ter lucro, é claro! (Leia o item "Como calcular custos e precificar produtos" nas páginas 68–71.) Evidentemente, a compra de material deve passar antes por uma pesquisa de preços junto aos fornecedores.

| Equivalência em gramas por ingrediente | |
|---|---|
| *Ingredientes (1 xícara de chá)* | *Peso aproximado* |
| Açúcar | 180 g |
| Arroz cru branco/ integral | 210 g |
| Amendoim sem casca | 140 g |
| Aveia em flocos grandes | 80 g |
| Aveia em flocos finos | 100 g |
| Achocolatado em pó | 90 g |
| Coco seco ralado/ queijo ralado | 80 g |
| Farinha de mandioca/ farinha de milho/ trigo para quibe | 150 g |
| Farinha de tapioca/ polvilho azedo | 80 g |
| Farinha de trigo/ fubá/ sêmola de milho | 120 g |
| Amido de milho/fécula de batata/ creme de arroz | 150 g |
| Manteiga/ margarina/ banha | 230 g |
| Mel/ melado de cana | 300 g |
| Polvilho doce/ sagu | 150 g |

Há dois aspectos importantes no negócio de doces, em que a compra por impulso costuma ser muito frequente. Como a boa apresentação é fundamental e o prazo de validade é curto, o produto precisa estar impecável na aparência, sempre fresquinho e na consistência ideal. Não vacile, pois você pode perder clientes se vender doces ressecados e fora do prazo de validade.

Vamos apresentar algumas receitas de doces vendidos por unidade com ficha técnica e dicas. Tome cuidado com a ficha técnica. Anote todas as alterações quando aumentar a quantidade dos ingredientes, porque é preciso manter o mesmo padrão de qualidade do produto. Já nos referimos a isso várias vezes neste livro.

## Beijinho recheado com uva

Rendimento: 30 unidades

### Ingredientes

1 lata de leite condensado
4 colheres de sopa de coco seco ralado
2 cachos de uva Itália (cerca de 30 uvas)
manteiga para untar
coco seco ralado para passar nos docinhos

### Pré-preparo

- Lave as uvas.
- Coloque o coco ralado num recipiente para ser usado no momento da modelagem.
- Abra as forminhas de papel numa bandeja ou recipiente onde serão congelados ou numa embalagem para distribuição.

### Modo de preparar

Em uma panela, misture o leite condensado e leve ao fogo baixo, mexendo sempre até desprender do fundo da panela (cerca de 10 minutos). Retire do fogo, misture o coco, coloque em um prato untado com manteiga e deixe esfriar. Abra pequenas porções de massa com as mãos e coloque uma uva no centro. Feche as bordas e enrole. Passe pelo coco ralado e coloque em forminhas de papel.

## Brigadeiro

Rendimento: 40 unidades

### Ingredientes

1 lata de leite condensado
3 colheres de sopa de chocolate em pó
1 colher de sopa de manteiga
1 xícara de chá de chocolate granulado
manteiga para untar

### Pré-preparo

- Abra as forminhas de papel numa bandeja ou recipiente onde serão congelados ou numa embalagem para distribuição.
- Coloque o chocolate granulado num recipiente para ser usado no momento da modelagem.

### Modo de preparar

Em uma panela, coloque o leite condensado, o chocolate em pó e a manteiga. Misture bem e leve ao fogo baixo, mexendo sempre até desprender do fundo da panela (cerca de 10 minutos). Retire do fogo, passe para um prato untado com manteiga e deixe esfriar. Com as mãos untadas com manteiga, enrole bolinhas e passe-as no granulado. Sirva em forminhas de papel.

## Cajuzinho

Rendimento: 30 unidades

### Ingredientes

1 lata de leite condensado
1 xícara de chá de amendoim sem pele torrado e moído e 30 amendoins inteiros torrados para decorar
1 xícara de chá de açúcar cristal
manteiga para untar

### Pré-preparo

- Torre os amendoins, sem queimá-los.
- Coloque o açúcar cristal num recipiente para ser usado no momento da modelagem.
- Abra as forminhas de papel numa bandeja ou recipiente onde serão congelados ou numa embalagem para distribuição.

### Modo de preparar

Em uma panela, coloque o leite condensado e o amendoim torrado e moído. Leve ao fogo baixo, mexendo sempre, até desprender do fundo da panela (cerca de 10 minutos). Retire do fogo, passe para um prato untado com manteiga e deixe esfriar. Enrole em formato de cajuzinho e passe pelo açúcar cristal. Enfeite cada docinho com um amendoim. Sirva em forminhas de papel.

## Cocada puxa e Cocada seca

Rendimento: 20 unidades (aproximadamente)

### Ingredientes

1 coco seco ralado fino (aproximadamente 300g)
250 g de açúcar cristal fino
200 ml de água
1 canela em pau
4 cravos-da-índia
3 gemas de ovos (opcional)

### Modo de preparar

Em uma panela, faça uma calda com o açúcar e a água até o ponto de bala mole. Deixe esfriar e acrescente o coco e as especiarias (canela e cravo). Cozinhe até o coco ficar transparente (cerca de 5 minutos). Acrescente mais água, se necessário. Se preferir uma cocada amarela, basta deixar esfriar e acrescentar as gemas. Mexa bem e leve ao fogo novamente, só até esquentar. Se preferir uma cocada mais seca, basta deixar apurar mais o ponto.

### Dica

- Na cocada seca, utilize a medida de duas colheres de sobremesa para faça montinhos triangulares, em forma de pirâmide. Coloque-as em um tabuleiro, em lugar arejado.

## Musse de chocolate meio amargo

Rendimento: 20 copinhos de 250 ml

### Ingredientes

300 g de chocolate meio amargo ralado grosso
100 g de manteiga sem sal
1 colher de extrato de café solúvel (dissolva um vidro pequeno de café solúvel com três colheres de sopa de água quente e guarde na geladeira - dura até 1 ano)
8 ovos separados (claras e gemas)
1 pitada de sal
1/2 xícara de açúcar
1 colher de chá de essência de baunilha
1 colher de sopa de rum (opcional)

### Modo de preparar

Derreta o chocolate, a manteiga e o extrato de café em banho-maria. Separe as gemas das claras. Bata as gemas com o açúcar e a baunilha. Junte o chocolate derretido nessa mistura de gemas. Se for usar o rum, acrescente-o neste momento. Bata as claras em neve com uma pitada de sal. Incorpore as claras em neve à mistura de chocolate, delicadamente. Coloque em copinhos de plásticos com tampa e leve para gelar por no mínimo 4 horas.

## Queijadinha

Rendimento: 25 unidades

### Ingredientes

3 ovos separados (claras e gemas)
1 lata de leite condensado
100 g de manteiga
5 colheres de sopa de farinha de trigo
1 xícara de chá de queijo de minas meia cura ralado
200 g de coco seco ralado
1 xícara de chá de açúcar
1 xícara de chá de água

### Pré-preparo

- Coloque forminhas de papel dentro de fôrmas de empada e reserve.
- Rale o queijo de minas.

### Modo de preparar

Passe as gemas pela peneira, junte as claras e bata com um batedor de arame por cerca de 30 segundos. Junte o leite condensado e a manteiga, misture bem e adicione a farinha, o queijo e o coco aos poucos, mexendo até a massa ficar homogênea. Despeje a massa dentro das forminhas reservadas e leve ao forno médio-alto (200°C) preaquecido por cerca de 35 minutos ou até dourar. Misture o açúcar com uma xícara de chá de água e leve ao fogo sem mexer. Engrosse até obter ponto de fio. Distribua sobre as queijadinhas já assadas.

### Dica

- O queijo de minas meia cura pode ser substituído por queijo parmesão, mas se este for muito salgado ou intenso, vai comprometer o sabor da queijadinha.

***Que docinhos podem ser congelados?***

Não se recomenda congelar docinhos. O risco de estes perderem as características de textura e aparência é muito grande.

## Quindim

Rendimento: uma fôrma de furo no meio com capacidade de 1 litro

### Ingredientes

2 xícaras de coco ralado fino
½ kg de açúcar cristal fino
1 litro de água
12 gemas peneiradas (de preferência, de ovo caipira)
2 colheres de sopa de manteiga
manteiga para untar a fôrma

### Modo de preparar

Em uma panela, faça uma calda com o açúcar e a água em ponto de fio fino. Acrescente o coco e deixe cozinhando em fogo brando até que ele fique transparente (cerca de 3 minutos). Deixe amornar. Junte as gemas e a manteiga à cocada, mexendo com delicadeza. Coloque o doce na fôrma e deixe descansar na geladeira por até 2 horas, para que o coco suba e a camada de mistura de gemas fique maior. Asse em banho-maria, em forno preaquecido a 180°/200°C, por cerca de 60 minutos. Para desenformar, basta enrolar um pano de prato aquecido em torno da fôrma já virada em um prato de doce.

### Dica

- Para porções individuais, utilize fôrmas pequenas de empada. Os procedimentos de preparo são os mesmos, apenas o tempo de forno será menor.

# Pudim de leite com calda de caramelo

Rendimento: 16 porções

## Ingredientes

***Calda***

1 xícara de chá de açúcar

½ xícara de chá de água quente

***Pudim***

1 lata de leite condensado

2 medidas (lata) de leite

4 ovos grandes

## Pré-preparo

- Faça primeiro a calda e passe-a na fôrma.

## Modo de preparar

***Calda***

Em uma panela de fundo largo, derreta o açúcar até ficar dourado. Junte a água quente e mexa com uma colher de cabo longo. Deixe ferver até dissolver o açúcar e a calda engrossar. Passe a calda em uma fôrma com furo central (19 cm de diâmetro) e reserve.

***Pudim***

Em um liquidificador, bata todos os ingredientes e despeje na fôrma já com a calda. Cubra com papel-alumínio e leve ao forno médio (180°C), em banho-maria, por cerca de 1 hora e 30 minutos. Depois de frio, leve para gelar por cerca de 6 horas.

## Dicas

- O pudim deve ser assado em banho-maria para atingir a textura ideal, ou seja, lisa e sem furinhos. Para isso, é necessário manter a temperatura do forno, a fôrma coberta e a água do banho-maria não pode secar – mantenha a assadeira com água pela metade.
- Leve a fôrma ao forno na grade superior, longe da chama.

## BEBIDAS

### Sucos

Substituir refrigerantes por sucos de frutas é um comportamento cultivado por pessoas que desejam uma alimentação saudável e equilibrada. E os profissionais do lanche podem ser grandes incentivadores dessa mudança de hábito dos clientes. Oferecer um suco ao cliente é oferecer-lhe saúde.

As frutas são alimentos nutritivos, ricos em vitaminas e sais minerais. Também possuem propriedades desintoxicantes, antioxidantes e diuréticas. Para se ter uma ideia: maçã, morango, melancia, limão, uva e manga são exemplos de frutas que ajudam na limpeza do organismo e na restauração do equilíbrio fisiológico (função desintoxicante). Ameixa, maçã, romã e uva combatem os radicais livres que aceleram o envelhecimento (função antioxidante). Melancia, maçã, melão, abacaxi auxiliam a eliminação de toxinas por meio dos rins e da bexiga (função diurética).

As combinações de sucos são tantas quanto a imaginação permitir num país como o nosso, que possui uma variedade enorme de frutas. Mas fique de olho nas frutas da estação, são mais baratas e mais saborosas.

Nas receitas a seguir, cada porção corresponde a um copo de 350 ml.

## Limonada suíça

Rendimento: 4 porções

### Ingredientes

3 unidades de limão com casca, cortados em quatro partes
3 copos de água
4 colheres de sopa de leite condensado
cubos de gelo

### Pré-preparo

- Lave os limões e corte-os em quatro partes, mantendo as cascas.

### Modo de preparar

- Bata os ingredientes no liquidificador. Coe e sirva.

### Dica

- Este suco precisa ser servido imediatamente, pois em repouso o amargo da casca se intensifica.

## Suco de abacaxi com hortelã

Rendimento: 1 porção

### Ingredientes

1 fatia grossa de abacaxi (1 cm, mais ou menos 80 g)
180 ml de água gelada
1 colher de chá de hortelã
açúcar ou adoçante
3 pedras de gelo (opcional)

### Pré-preparo

- Corte o abacaxi.
- Higienize as folhas de hortelã.
- Corte um triângulo de abacaxi para enfeitar o copo (opcional) ou use folhas de hortelã.

### Modo de preparar

Bata os ingredientes no liquidificador. Coe e adoce a gosto.

1

2

3

4

5

6

## Suco de clorofila

Rendimento: 1 porção

### Ingredientes

1 folha de couve sem o talo
2 folhas de alface
1 colher de sopa de pepino picado
1/4 de maçã sem casca e sem sementes
1/2 colher de chá de gengibre picado ou ralado
1 colher de chá de aveia em flocos
180 ml de água

### Pré-preparo

- Higienize as folhas de couve e do alface, o pepino, a maçã.
- Corte em pedaços: as folhas de couve e alface, o pepino, a maçã com casca e sem sementes.

### Modo de preparar

Bata os ingredientes no liquidificador e sirva imediatamente.

### Dica

- Esta receita nutritiva deve ser bebida imediatamente após o preparo, para minimizar a perda de nutrientes.

## Suco de laranja com couve

Rendimento: 6 porções

### Ingredientes

2 laranjas cortadas em pedaços, sem casca
1 litro de água
1 folha grande de couve com o talo, cortada em pedaços
açúcar ou adoçante

### Pré-preparo

- Corte as laranjas em pedaços, sem a casca.
- Higienize as folhas de couve e corte-as em pedaços grandes.

### Modo de preparar

Bata no liquidificador os pedaços de laranja, a água, a couve, o açúcar ou adoçante. Sirva com gelo.

***Para calcular um copo de suco***

Considere que o suco batido no liquidificador fica aerado. Calcule 180 ml de água para fazer um copo de 220 ml de suco (tamanho padrão).

## Suco de maçã

Rendimento: 1 porção

### Ingredientes

1 maçã com ou sem casca
180 ml de água gelada
3 gotas de limão
açúcar ou adoçante
3 pedras de gelo (opcional)

### Pré-preparo

- Descasque e tire as sementes das maçãs.

### Modo de preparar

Bata no liquidificador as maçãs e a água. Acrescente o gelo e o açúcar ou adoçante. Coe com uma peneira.

### Dica

- Você pode misturar cenoura, aipo e beterraba para potencializar o suco de maçã.

### *Segurança dos alimentos: atenção na higienização das frutas*

Todas as frutas devem ser lavadas em água corrente e esfregadas com as mãos ou com uma esponja específica para essa finalidade. A limpeza consiste em retirar peles ou cascas, sementes e partes machucadas que possam prejudicar o sabor do suco ou da vitamina.

As sementes das frutas devem ser retiradas com uma colher para evitar desperdício, e as frutas que têm casca com textura aveludada (como figo, pêssego, nectarina e nêspera) devem ser lavadas somente no momento de serem usadas, pois a água penetra na fruta, prejudicando a sua integridade.

## Suco de maracujá

Rendimento: 1 porção

### Ingredientes

1 colher de sopa de polpa de maracujá
180 ml de água
açúcar ou adoçante
gelo

### Pré-preparo

- Corte apenas uma tampa do maracujá para evitar desperdício.

### Modo de preparar

Coloque apenas a polpa do maracujá no liquidificador e bata no tempo de pulsar. Faça isso quatro vezes e coe o suco na peneira. Recoloque o suco peneirado no liquidificador, junte os outros ingredientes e bata. Sirva com gelo.

### Dica

- Para o suco de maracujá ficar cremoso, acrescente uma clara de ovo e bata bem. Sirva imediatamente.

### *Segredos das frutas*

- Limão, laranja, abacaxi e maracujá são frutas ácidas e resultam em sucos com sabor acentuado. Já abacate, mamão e maçã tornam os sucos mais suaves. Para conseguir um resultado intermediário, misture frutas dos dois grupos.
- Esprema os morangos em uma peneira para obter um suco mais forte.
- O suco de maracujá não precisa ser coado. As sementes batidas no liquidificador viram pó e se depositam no fundo do copo.
- Experimente usar açúcar mascavo ou mel nos sucos. O sabor fica diferente. Mas veja se a clientela aprova.

### *Sucos de frutas com legumes e verduras?*

Misturar frutas, legumes e verduras talvez não agrade o paladar de muita gente, mas o suco fica supernutritivo e desintoxicante.

- O suco de tomate fica delicioso quando temperado com sal, limão, pimenta-do-reino e molho inglês ou apenas com limão, servido com algumas folhas de hortelã.
- O suco de cenoura é mais saboroso se misturado ao suco de laranja.
- O suco de beterraba vai bem com abacaxi fresco ou abacaxi em calda.
- Suco de salsão pode ser misturado com tomate ou cenoura.
- Uma surpresa: o pepino proporciona um bom e delicioso suco, quando misturado com tomate ou cenoura.

## Vitaminas

Por ser leite batido com uma ou mais frutas, a vitamina tem consistência espessa e é uma bebida saborosa e nutritiva, muito frequente no cardápio de atletas e em dietas calóricas. Claro que uma dieta de emagrecimento deve evitar essas preparações deliciosas!

As vitaminas são ótimas para acompanhar o lanche com sanduíches e salgados fritos ou assados. Mas há quem considere um copo de vitamina um lanche completo.

As combinações de frutas podem ser as mais variadas. Daremos aqui algumas sugestões de receitas. E fique atento à segurança na manipulação das frutas (ver boxe na p. 139).

## Vitamina de abacate

Rendimento: 1 porção

**Ingredientes**

180 ml de leite
40 g de abacate
açúcar ou adoçante, o quanto baste

**Modo de preparar**

Bata o abacate com leite no liquidificador.

**Dica**

- Adicione suco de limão para dar um sabor especial a esta vitamina.

## Vitamina de banana com aveia

Rendimento: 1 porção

**Ingredientes**

180 ml de leite
1 banana prata média
2 colheres de sopa de aveia

**Modo de preparar**

Bata todos os ingredientes no liquidificador. Sirva imediatamente.

**Dica**

- Você pode incrementar esta vitamina com 1 colher de achocolatado.

## Vitamina de iogurte com frutas

Rendimento: 1 porção

### Ingredientes

1 banana prata
50 g de morango
1 colher de sopa de mel
50 ml de iogurte natural
180 ml de leite gelado

### Pré-preparo

- Higienize os morangos e corte-os ao meio. Pique a banana.

### Modo de preparar

Coloque os pedaços de banana e morango no liquidificador. Acrescente o leite, o iogurte e o mel. Bata até a vitamina ficar homogênea. Sirva imediatamente.

### Dica

- As frutas podem mudar de acordo com a disponibilidade e a criatividade do lancheiro.

## Vitamina de maçã

Rendimento: 1 porção

### Ingredientes

1 maçã com ou sem casca
180 ml de leite gelado
2 gotas de essência de baunilha (opcional)
açúcar ou adoçante

### Modo de preparar

Bata os ingredientes no liquidificador. Peneirar a vitamina é opcional.

### Dica

- Experimente acrescentar cereal matinal com açúcar, flocos de aveia ou farinha láctea nesta vitamina.

## Vitamina de mamão com laranja

Rendimento: 1 porção

### Ingredientes

1 laranja picada sem pele e sem caroços
½ mamão papaya picado
150 ml de leite
açúcar ou adoçante

### Modo de preparar

Bata todos os ingredientes no liquidificador.

## Vitamina de morango

Rendimento: 1 porção

### Ingredientes

50 g de morangos
180 ml de leite
açúcar, adoçante ou leite condensado

### Pré-preparo

- Higienize os morangos e corte-os ao meio.

### Modo de preparar

Bata os ingredientes no liquidificador. Sirva imediatamente.

### Dica

- Você pode adicionar outras frutas a esta vitamina – melão, cereja ou outras frutas vermelhas, como amora e framboesa.

## Milkshakes

Leite e sorvete batidos resultam no saboroso *milkshake* (*milk*, leite + *shake*, batido, em inglês), uma bebida interessante para o verão. Seu sabor pode ser enriquecido com frutas ou polpa de frutas e achocolatado em pó. Em geral, o *milkshake* é enfeitado com calda de chocolate, morango ou caramelo. Chantilly e cereja também podem compor a apresentação de um belo copo.

O *milkshake* recebe vários nomes ao redor do mundo: em Portugal, é conhecido como *batido*; no Canadá, *frappé*. Em Rhode Island (EUA), cabinets. Existem ainda os termos *frosty* ou *shake*, embora o termo *shake* esteja mais relacionado a um composto para emagrecimento.

Essa bebida pode acompanhar os lanches ou, por ser bastante calórica, ela mesma ser o próprio lanche.

## Milkshake de baunilha ou creme

Rendimento: 1 porção

***Receita básica***

### Ingredientes

3 bolas de sorvete de baunilha ou creme
150 ml de leite gelado
10 ml (2 colheres de chá) de extrato de baunilha (opcional)
2 colheres de sopa de açúcar (opcional)

### Modo de preparar

Bata todos os ingredientes no liquidificador. Sirva imediatamente.

### Dica

- Esta é uma receita básica e nela você pode adicionar frutas frescas ou coberturas para sorvete. Para as frutas frescas: higienize e corte a fruta escolhida em pedaços, coloque-os em um recipiente com 2 colheres de açúcar e o extrato de baunilha e deixe na geladeira por 15 minutos. Depois, coloque essa mistura no liquidificador, Acrescente os outros ingredientes e bata até obter uma textura homogênea.

## Milkshake de chocolate

Rendimento: 1 porção

**Ingredientes**

3 bolas de sorvete de chocolate
150 ml de leite gelado
1 colher de chá de essência de baunilha
cobertura de chocolate ou outro sabor

**Pré-preparo (opcional)**

- Decore o copo de milkshake com a cobertura de chocolate ou outro sabor. Derrame o fio de cobertura pelas laterais e no fundo do copo.

**Modo de preparar**

Bata todos os ingredientes no liquidificador. Despeje a mistura batida no copo já decorado. Sirva imediatamente.

**Dica**

- Decore com chantilly, chocolate granulado e uma cereja.

## Milkshake de Ovomaltine

Rendimento: 1 porção

**Ingredientes**

3 bolas de sorvete de creme
150 ml de leite
4 colheres de ovomaltine
calda de caramelo para decorar

**Pré-preparo (opcional)**

- Decore o copo de milkshake com a calda de caramelo. Derrame o fio de cobertura pelas laterais e no fundo do copo.

**Modo de preparar**

Misture o sorvete e o leite no liquidificador. Depois, acrescente os outros ingredientes. Despeje a mistura homogênea no copo já decorado. Sirva imediatamente.

1

2

5

3

4

## Milkshake de morango

Rendimento: 1 porção

### Ingredientes

3 bolas de sorvete de morango
150 ml de leite gelado
cobertura sabor morango

### Pré-preparo (opcional)

- Decore o copo de milkshake com a cobertura de morango. Derrame o fio de cobertura pelas laterais e no fundo do copo.

### Modo de preparar

Coloque todos os ingredientes no liquidificador e bata até atingir textura homogênea. Despeje a mistura batida no copo já decorado. Sirva imediatamente.

### Dica

- Você pode incrementar este milkshake com mais ingredientes: 2 morangos e leite condensado a gosto. Para decorar, um morango cortado na beirada do copo.

## Milkshake de coco

Rendimento: 1 porção

### Ingredientes

6 colheres de sopa de leite de coco
150 ml de leite gelado
3 bolas de sorvete de baunilha
3 colheres de sopa de coco fresco ralado
cobertura de chocolate, caramelo ou outro sabor

### Pré-preparo (opcional)

- Decore o copo em que vai colocar o milkshake com a cobertura desejada. Derrame o fio de cobertura pelas laterais e no fundo do copo.

### Modo de preparar

Bata tudo no liquidificador no tempo pulsar até obter uma textura homogênea. Despeje a mistura batida no copo já decorado. Sirva imediatamente.

### Dica

- Enfeite com raspas de chocolate ou lascas de coco natural.

## Referências

ASSIS, Kitty. **Viajando na cozinha**: dicas, truques e receitas. Rio de Janeiro: Senac Nacional, 2008.

CHOUEIRI, Ramzi N. **O patrimônio culinário do Líbano**. [S.l.]: Bonum, 2002.

ELLIOT, Rose. **A cozinha vegetariana para todos.** Rio de Janeiro: J. Zahar, 2012.

O GRANDE livro ilustrado de cozinha. São Paulo: Abril, 1980.

OLIVER, Jamie. **Jami's 30 minutes meals**. London: Penguin, 2010.

ROTULAGEM nutricional obrigatória: manual de orientação às indústrias de Alimentos. 2. versão. Brasília, DF: Agência Nacional de Vigilância Sanitária: Universidade de Brasília, 2005.

## Sites consultados

ANVISA. **Alimentos**: legislação. Brasília, DF, [2012?, capturado em 18 set. 2012]. Disponível: http://www.anvisa.gov.br/alimentos/legis/especifica/embalagens.htm.

CHEF Ramzi website. http://www.cheframzi.com.lb

Este livro foi impresso em papel off-set 90g/m² no miolo e triplex 300g/m² na capa
e composto nas fontes Stone Sans, Stone Serif e Lubalin Graph.